Karina Sillmann

Pures Leben 2

Karina Sillmann

Pures Leben 2

Eine Reise zu Liebe, Wärme und Freiheit

52 Texte: Für jede Woche des Jahres ein Impuls

Bibliografische Information der Deutschen Nationalbibliothek:
Die Deutsche Nationalbibliothek verzeichnet diese
Publikation in der Deutschen Nationalbibliografie;
detaillierte bibliografische Daten sind im Internet über
http://dnb.dnb.de abrufbar.

TWENTYSIX – Der Self-Publishing-Verlag
Eine Kooperation zwischen der Verlagsgruppe Random House und BoD – Books on Demand

© 2020 Karina Sillmann
Fotos von Karina Sillmann

Herstellung und Verlag:
BoD – Books on Demand, Norderstedt

ISBN: 9783740764913

Für Sabine – meine Lieblingsmenschin

Karina Sillmann

Internet:
https://pureslebensite.wordpress.com/

Kontakt:
https://pureslebensite.wordpress.com/kontakt/

Inhalt

Januar:
Was passiert, wenn ich mir ein Komplimente-Glas bastle?
Was möglich ist
Mein Zuhause
Dein und mein Tiefgang
Meinst du, was du sagst?

Februar:
Begegnungen auf Reisen
Wenn die Zeit fliegt, lebst du
Meine Freiheit
Stimmt das?

März:
Facetten
Liebe ist einfach
Mein Horizont
Love is all around me

April:
Innere Freiheit
Das schönste Geschenk
Am Flughafen
Ich will, dass du beim Spülen helfen willst
Echte Bedeutung

Mai:
Wo geht denn hier das Licht an?
Gemeinsam sein
Tu die Dinge, wenn sie dran sind
Vom Reisen und vom Mut

Juni:
Wahre Märchen
Einfach leben
So geht Leben
Echt authentisch

Juli:
Raus damit
Von der Glückseligkeit gut zu schlafen
Mittagspause im Park
Tschüss Neid
Liebe ist etwas, das du tust

August:
Der schönste Strand der Welt
Haben oder Erleben?
Unsere Geschichten
Was passiert, wenn ich das lustigste Essen im Supermarkt kaufe?

September:
Lichtexplosionen
Ein Sonntag in Irland
Fließendes Wasser
Nehmt euch Zeit

Oktober:
Manchmal dauert es nur etwas länger
Das Meer
Jeden Tag
Nichts dauert länger, weil du es in Ruhe machst
Wo die Kondore ihre Kreise ziehen

November:
Dich selbst erleben
Wer weiß?
Sich wohlfühlen
An deiner Seite

Dezember:
Vom Glück dich zu fragen, wie es dir geht
Du steigst aus und bist glücklich
Was passiert, wenn ich meinen Nachbarn Bonbons in den Briefkasten werfe?
Manches gehört dir ganz allein

Vorwort

Nach meinem ersten Buch „Pures Leben – Eine Reise zu Lebensfreude, Mut und Möglichkeiten" folgt hier der zweite Band mit Texten zu Liebe, Wärme und Freiheit.
Auch diesmal möchte ich dich wieder auf eine faszinierende Reise mitnehmen. Eine Reise zu den Fragen, die sich stellen und zu den Themen, die uns beschäftigen, während wir das Leben mit all seinen Facetten entdecken. Von der Liebe und dem Leben, den Reisen in andere Länder und zu sich selbst, der Wärme und der Freiheit handelt dieses Buch.

Jede Woche des Jahres möchte ich dir einen Impuls schenken für deine eigene Reise, deine Ideen, deine Träume und deinen eigenen Zauber in dieser schönen Welt.

Alles Liebe, Karina

1. bis 7. Januar

Was passiert, wenn ich mir ein Komplimente-Glas bastle?

Eine der Ideen aus dem Buch „Surprise yourself" von Lisa Currie ist, sich ein Komplimente-Glas zu basteln: Du schreibst die netten Dinge, die Menschen schon über dich gesagt haben, auf einzelne Zettel. Diese Zettel legst du in ein Glas. Wenn in der Zukunft neue Komplimente dazukommen, schreibst du auch die auf und beförderst sie in dein Komplimente-Glas. Wann immer du ab jetzt eine Ladung Selbstvertrauen oder ein paar gute Schwingungen brauchst, ziehst du einen Zettel aus dem Glas und liest das Kompliment, das darauf steht.

Das musste ich ausprobieren und suchte zunächst bei mir zuhause nach einem passenden Glas oder Behältnis. (Denn vieles braucht man ja gar nicht zu kaufen, man muss nur mal eine Runde durch den eigenen Haushalt drehen.) Da bei meinem Smoothie-Maker zwei Plastikbehälter mit Schraubverschluss dabei gewesen waren, die ich eigentlich beide nicht brauche, funktionierte ich einen davon nun um.

Ich beschloss, dass mein Komplimente-Glas erst einmal verschönert werden muss: mit bunten Stickern an den Seiten und auf dem Deckel sowie einem violetten Band drum herum. Basteln macht auch als Erwachsene noch sehr viel Spaß.

Dann ging ich ans Zettel-Schreiben. Zunächst musste ich etwas überlegen und in meinem Hirn kramen. Es ist erstaunlich, wie viele tausend Dinge im Kopf oft präsenter sind als die netten Sachen, die andere über uns sagen. Nachdem ich aber den Zugang mal gefun-

den und die ersten beiden Komplimente, die mir einfielen, aufgeschrieben hatte, ging es immer einfacher. Mary, die mir mal geschrieben hat, dass ich so eine wirklich schöne Perspektive habe, die in dem, was ich schreibe, zum Vorschein kommt. Der Hausmeister der Sportanlage, in der ich einen meiner Kindertanz-Kurse gebe, der mich eines Nachmittags mit den Worten begrüßte: „Du strahlst immer so!" Angel, der bei meiner ersten Surfstunde zu mir sagte: „Wahnsinn, wie viel Energie du hast".
Schon beim Aufschreiben bekam ich ganz von alleine glänzende Laune.
In den nächsten Wochen fiel mir jedes Mal, wenn jemand etwas Nettes zu mir sagte, mein Komplimente-Glas wieder ein. Zuhause angekommen schnappte ich mir einen Zettel, schrieb das neue Kompliment auf und legte es zu den anderen. Die E-Mail einer Bekannten, in der sie schrieb: „Es ist immer so schön von dir zu hören." Die Kinder an der Deutschen Schule in Lissabon, die nach meinem Besuch feststellten: „Als Karina hier war, war einer der besten Tage."
Das Schöne daran ist: Wie von selbst erhöht sich die Aufmerksamkeit für die Komplimente, die andere dir machen. Anstatt dass ich nach fünf Minuten schon wieder vergessen habe, was jemand gerade Nettes zu mir gesagt hat, bleibt es hängen. Ich speichere es in meinem Kopf, schreibe es zuhause auf und freue mich viel länger darüber als ich das früher getan habe.
Und dann kam er, einer dieser Tage: an denen nichts so richtig klappt, an denen du vergebens auf drei nette Worte wartest und an denen die Laune stündlich tiefer in den Keller sinkt.
Aber da war ja noch was – für diesen Fall hatte ich mir doch ein Komplimente-Glas gebastelt. Also

schnappe ich es mir, öffne es und ziehe einen Zettel heraus. Ich lese: „Angel: Wahnsinn, wie viel Energie du hast". Ich hole noch einen zweiten Zettel aus dem Glas: „Mary: Du hast so eine wirklich schöne Perspektive, die in dem, was du schreibst, zum Vorschein kommt." Spätestens bei Zettel Nummer drei – „Kinder in Lissabon: Als Karina hier war, war einer der besten Tage" – ist sie weg, die schlechte Laune.
Ich liebe sie einfach, diese unkomplizierten Möglichkeiten, sich gute Stimmung zu zaubern.

8. bis 14. Januar

Was möglich ist

Vor dreieinhalb Jahren begann ich, einen meiner heutigen Kindertanz-Kurse zu unterrichten. Den Kurs gab es damals schon ein oder zwei Jahre, und ich übernahm ihn von einer anderen Trainerin, die aufhören wollte.
Ich erinnere mich noch heute an den ersten Tag in diesem Kurs: Fast 20 Kinder rannten unkoordiniert durch die große Turnhalle, lärmten, polterten und kreischten. Es war das reinste Chaos. Neben der Schwierigkeit, ein Minimum an Ruhe in die Gruppe zu bringen, stießen auch meine Tanz-Ideen bei den Kindern auf Irritation. Lieber wollten sie Spiele spielen, als Tanz-Moves zu lernen.
Nach kurzer Zeit erfuhr ich auch, was den Kurs in diesen Zustand versetzt hatte: Meine Vorgängerin hatte den Kurs zwar Kindertanzen genannt, jedoch nur selten mit den Kindern tatsächlich getanzt. Stattdessen hatte sie die Kinder 90 Prozent der Zeit Völkerball oder Chinesische Mauer spielen lassen. Außerdem gab es keinerlei Struktur: Die erste Trainerin hatte nicht festgelegt, dass nicht nonstop durch die Halle gekrischen wird oder der Umgangston im Kurs freundlich sein sollte.
Leider ist es wesentlich schwerer, in einer Gruppe, die schon besteht, neue Regeln etablieren zu wollen als in einem Kurs, der grundständig neu ist. Und so stand ich da also mit einer Horde Kinder, denen nicht einleuchtete, warum beim Kindertanzen plötzlich getanzt werden sollte und wieso sie nicht jederzeit brüllen

oder ein anderes Kind als blöde Kuh bezeichnen konnten.

Eine ganze Weile änderte sich daran nicht viel. Zu Beginn des Kurses gingen zehn Minuten ins Land, bis es annähernd so still war, dass ich etwas sagen konnte, ohne mir die Stimmbänder zu ruinieren. Etwas zu tanzen, hielten die Kinder oft nur ein paar Minuten durch, bevor sie keine Lust mehr hatten.

Trotzdem blieb ich dran und versuchte es immer wieder. Ab und zu hatte ich Glück, und das Gekreische ebbte bereits nach fünf Minuten ab. Und manchmal konnte ich tatsächlich einen neuen Tanz-Move vermitteln und eine kleine Choreografie unterrichten. Schwierig blieb es dennoch. Und ein paar Monate später ging mir durch den Kopf, ob ich den Kurs nicht lieber wieder aufhören sollte.

Dann passierte das, was im Leben manchmal geschieht, kurz bevor wir aufgeben: Der Wind drehte sich. Innerhalb kurzer Zeit verwandelte sich der Kurs. Statt reinzukommen und durch die Turnhalle zu schreien, unterhielten sich die Kinder miteinander und mit mir. Eine halbe Stunde lang konnten wir tanzen, um danach entspannt für fünf oder zehn Minuten ein Spiel zu spielen. Die Kinder begannen, die Faszination fürs Tanzen zu entdecken.

Heute ist dieser Kurs der, auf den ich mich in der ganzen Woche am meisten freue. Ich kenne die Kinder jahrelang – denn aufgehört hat kaum je mal eines der Mädels. Die meisten von ihnen habe ich die letzten drei Jahre größer und mutiger werden sehen. Die Tanzbegeisterung in diesem Kurs ist riesig. Viele der Choreografien, die ich unterrichte, können die Kinder Monate später noch auswendig. Irgendwann fing ich an, die Mädels auch ihre eigenen Tänze erfinden zu lassen. Jedes Mal schaue ich dann überglücklich zu, wie kreative und wunderschöne neue Tanzbewegungen entstehen, gemischt mit Schritten, die die Kinder von mir gelernt haben.

Diese Kinder erinnern mich daran, was möglich ist, selbst wenn anfangs alles dagegen spricht. Das Einzige, was es braucht, ist genug Durchhaltevermögen, um nicht zu schnell aufzugeben.

15. bis 21. Januar

Mein Zuhause

Wahrscheinlich fragt sich jeder in seinem Leben zumindest einmal – und vielleicht auch öfter –, wo seine Heimat ist. Ist es die Stadt, in der ich lebe? Das Land, in dem ich geboren wurde? Wenn ich bei mir zuhause bin, bin ich dann zuhause?
Auch ich habe mir lange diese Frage gestellt. Ist mein Zuhause in Deutschland? Oder liegt es tausend Kilometer entfernt, weil ich meine Lebenseinstellung eher mit den Portugiesen gemeinsam habe als mit den Deutschen? Ist es die Stadt, in der ich wohne? Oder wäre es womöglich ein Ort am Meer, weil die Wellen und die auf dem Wasser glitzernde Sonne diese beruhigende und erfüllende Wirkung auf mich haben, die einem Heimatgefühl so nahe kommt? Sind es die größeren oder mittleren Städte, in denen ich stundenlang im Buchladen stöbern und im Kino Filme sehen kann, die mich zu Tränen rühren? Oder fände ich mein Glück auf einer einsamen Insel, auf der mich kaum je einer aus Versehen stören würde?
So wie ich einerseits mit Leichtigkeit stundenlang über diese Frage philosophieren kann, so verblüffend einfach ist andererseits die Antwort, die mir das Leben in einer Sternstunde zugetragen hat: Mein Zuhause sind die Menschen, an denen mein Herz hängt.
Im Grunde wusste ich das schon immer; denn ich war mit 17 Jahren auf einer Ferienfreizeit in Assisi. Auf dieser Ferienfreizeit hatte ich das Glück, meine besten Freunde kennenzulernen. Und ich weiß es noch, als wäre es gestern gewesen, wie ich an einem Nachmittag das Bedürfnis hatte, alleine zur Burg Rocca Mag-

giore hochzusteigen. Von dieser Burg aus überblickt man die ganze Stadt und spürt den Zauber von Assisi in jeder Faser. Ich brauchte ein bisschen Zeit für mich, deshalb setze ich mich mit Kopfhörern auf den Ohren und meiner Lieblingsmusik dort oben hin. Ich saß an diesem Ort alleine mit der wundervollen Gewissheit, dass ich hier sitzen und für mich sein kann; und sobald ich zurückgehe, bin ich wieder mit den Menschen zusammen, die mich bereits nach drei Tagen in ihr Herz geschlossen hatten, und ich sie. Das war eines der schönsten Gefühle, die ich kenne: Es durchflutete mich warm, strahlte hell, machte alles ganz leicht und ließ mir Flügel wachsen.

Das war damals so und ist es bis heute. Zuhause ist das Gefühl, das ich habe, wenn ich mit den Menschen zusammen bin, die ich liebe. Zuhause ist das Gefühl, losziehen und mein Ding machen zu können, in der tiefen Gewissheit, dass ich mit den Menschen, die meine Heimat sind, verbunden bleibe und immer wieder zurückkehre, um ihnen alles haarklein zu erzählen. Zuhause ist heute die Küche eines Hauses, das in einer mittelgroßen deutschen Stadt steht; und morgen der Strand von Carcavelos. – Solange ich dort mit meinem Lieblingsmenschen sitze. Zuhause ist heute ein ganz bestimmtes Café; und morgen dieses kleine Programmkino. – Solange ich dort Zeit mit meinem besten Freund verbringe. Zuhause ist heute mit meinem Computer auf meiner Couch, um über Skype zu quatschen; und morgen an einem ganz anderen Ort auf der Welt, um sich live zu unterhalten. – Solange ich mit dem Menschen spreche, der meine Sprache spricht.

Zuhause ist kein Ort. Zuhause, das seid ihr. – Ihr wisst schon Bescheid.

22. bis 28. Januar

Dein und mein Tiefgang

Was ich an Männern am meisten liebe, ist, wenn sie Tiefgang haben. Wenn ihre Augen funkeln, ihre Ausstrahlung mir schon auf zehn Metern Entfernung entgegenkommt und ihr Lächeln Geschichten erzählen kann. Wenn sie hinter die Kulissen sehen und ein Gespür dafür haben, was sich wirklich abspielt im Leben und in der Welt. Wenn ich mit ihnen über Dinge sprechen kann, die mich bewegen und die nicht an der Oberfläche stattfinden.
Und ich glaube, viele von uns wünschen sich doch genau das: Gesprächsthemen, die über die Einkaufsliste und die Wochenendplanung hinausgehen. Das Glas Wein auf der Terrasse mit einer inspirierenden Unterhaltung statt der hundertsten Shoppingtor. Gemeinsame Begeisterung fürs Reisen, für die Bücher dieses einen Schriftstellers, fürs Surfen, fürs Fotografieren, fürs Kochen, oder wofür auch immer zwei Herzen brennen. Erzählen können, was uns wirklich durch den Kopf geht. Input – vielleicht sogar Unterstützung – finden für unsere eigenen Ideen. Das Körnchen Verrücktheit, das das Leben so viel spannender macht. Sich den Sonnenuntergang angucken; nicht wegen des kitschigen Liebesfilm-Klischees, sondern weil sich dabei im Inneren etwas bewegt. Echte Verbundenheit erleben.
Und wie bekommt man das? Wahrscheinlich, indem man damit anfängt, seinen eigenen Tiefgang zu entdecken und sich in ihn zu verlieben.

Mich mit dem beschäftigen, was unter der Oberfläche passiert statt mit dem Smalltalk. Entdecken, was ich gerne tue und mich dafür begeistern. Das Glas Wein auf der Terrasse trinken und sehen, ob nicht der ein oder andere inspirierende Gedanke auftaucht. Sagen, was mir wirklich durch den Kopf geht. Anderen Input für ihre eigenen Ideen geben, vielleicht sogar Unterstützung. Verrückt sein. Im Regen tanzen. Das Radio aufdrehen und mitsingen. Mir den Sonnenuntergang angucken, weil ich dabei irgendwie bei mir selbst ankomme.

Männern – oder Frauen – Beachtung schenken, deren Augen funkeln und deren Lächeln Geschichten erzählt. Ein Gefühl dafür entwickeln, was sich wirklich abspielt im Leben und in der Welt.

Damit dein und mein Tiefgang am Ende das ist, was uns zueinander führt.

29. Januar bis 4. Februar

Meinst du, was du sagst?

Ein Großteil der Menschen ist sich darüber einig, dass Ehrlichkeit wichtig ist. Aber wie viele Menschen achten eigentlich darauf, ob sie das, was sie sagen, auch tatsächlich meinen?
Ich will nicht auf die Frage des bewussten Lügens hinaus, sondern darauf, dass wir oft zu wenig darüber nachdenken, wie sehr wir tatsächlich hinter dem stehen, was wir so sagen. Da versprechen wir der besten Freundin, klar, ich helfe dir liebend gern bei diesem oder jenem – und haben insgeheim gar keine Lust. Da erklären wir neuen Bekannten, wie sehr wir uns freuen, sie bald wieder zu treffen – und melden uns dann doch nicht mehr, weil wir viel zu sehr mit anderen Dingen beschäftigt sind. Da sagen wir unserem Partner, wie wichtig er uns ist – und stellen doch bei nächster Gelegenheit die Beziehung infrage.
Woran das wohl liegt, dass das, was uns da so leicht über die Lippen kommt, oft so wenig Substanz besitzt? Vielleicht sind wir einfach nicht achtsam genug. Es gibt da dieses Bild von uns in unserem Kopf, wie wir sein wollen, und so reden wir dann. Nur, dass die Vorstellung von der besten Version unserer Selbst nicht durch Reden wahr wird, sondern dadurch, wie wir uns verhalten.
Letztendlich entfernen wir uns von unserer Wunschvorstellung umso mehr, wenn wir der besten Freundin erst versichern, wie gern wir ihr helfen, um sie dann hängenzulassen oder sie nur widerwillig bis halbherzig zu unterstützen. Oder neuen Bekannten erst enthusiastisch ein erneutes Treffen ankündigen, um sie

dann nicht anzurufen. Oder gar dem besonderen Menschen zu sagen, wie wichtig er ist, damit ihm das Herz bricht, wenn ihn unsere reale Wankelmütigkeit einholt.

Wären wir da nicht viel näher dran an einer guten Ausgabe von uns selbst, wenn wir der besten Freundin sagen würden: „Ganz ehrlich? Ich hab nicht so viel Lust darauf. Aber wenn es sehr wichtig für dich ist, werde ich sehen, was ich tun kann." Und zu den neuen Bekannten: „Ich finde euch echt nett, es ist so schade, dass ich so beschäftigt bin. Ich kann deshalb leider nichts versprechen, aber wenn ich Zeit für ein nächstes Treffen freischaufeln kann, dann melde ich mich bei euch." Und zu unserem Freund oder unserer Freundin? Da sagen wir vielleicht besser schlichtweg nichts von großen Gefühlen, solange wir noch keine Klarheit darüber erlangt haben, ob wir sie tatsächlich empfinden.

Das wäre schließlich nicht nur besser für die anderen, sondern auch für uns selbst. Weil wir dann im Spiegel jemanden sehen, der sich nicht zweiteilt in sein Reden und sein Handeln, sondern der eins ist. Und der dadurch auch ein echtes „Wir" erleben kann und nicht nur eine bröckelnde Worthülse.

5. bis 11. Februar

Begegnungen auf Reisen

Viele der Erinnerungen an die Reisen, die ich gemacht habe, sind Erinnerungen an die Menschen, denen ich dabei begegnet bin. Oft waren es nur kurze oder flüchtige Begegnungen und dennoch klingen sie bis heute in meinem Herzen nach, wenn ich daran zurückdenke.
Als ich auf Fuerteventura landete, war es William, der mir nach nur zwei Stunden auf der Insel das erste Lächeln ins Gesicht zauberte. Müde, durstig und hungrig ließ ich mich mittags um 13 Uhr in der Snackbar, in der er arbeitet, auf einen Stuhl fallen. Um vier Uhr morgens war ich aufgestanden und so fühlte ich mich auch. Doch dann stand William an meinem Tisch, strahlte mich an, als sähe ich nicht übernächtigt und von der Reise leicht zerfleddert aus, unterhielt sich mit mir über Fuerteventura, Spanien und Reggaeton und wechselte sofort begeistert von Englisch auf Spanisch, als ich verlauten ließ, dass ich das auch spreche. Und so ging um ein Uhr mittags zum zweiten Mal an diesem Tag die Sonne auf.
Am Oliva Beach war es die junge Frau, deren Namen ich nicht kenne, die jeden Tag gut gelaunt in einer winzigen Bude am Strand Eis und Getränke verkauft, und mit ihrer positiven Ausstrahlung den Tag noch schöner machte.
In Irland war es der Mann Mitte 40, der gerade auch an der Rezeption stand, als ich mich dort nach der Yoga-Stunde erkundigte, die das Hotel in seinem Freizeitprogramm auflistete: Während ich der Dame an der Rezeption überschwänglich erklärte, dass ich es spannend fände, ausgerechnet in Irland endlich einmal

Yoga auszuprobieren, amüsierte er sich köstlich und konnte sich schließlich das Lachen nicht mehr verkneifen. So standen wir dann dort zu dritt und erörterten vergnügt das Thema der Freizeitgestaltung in Irland.

Am Strand von Carcavelos waren es Paulo und Nuno, die mit ihrem Projekt SurfArt Kindern nicht nur das Surfen beibringen, sondern auch Essentielles fürs Leben: Sich zu trauen, die Dinge anzugehen, die man möchte; sich auf sich selbst und andere verlassen zu können; Herz und Bauch nicht weniger wichtig zu nehmen als den Kopf. Der Nachmittag, den ich mit den beiden und ihren wunderbaren kleinen „Surfistas" (Surfern) verbringen durfte, war einer der schönsten, die ich bisher so erlebt habe. Und er hat mir – ohne dass das Paulo und Nuno klar wäre – die Inspiration gegeben für meine eigenen Tanzprojekte mit Kindern.

In vielen Ländern ist es so leicht, mit anderen Menschen in Kontakt zu kommen. Vor allem, wenn man selbst auf Reisen neugierig und mit offenen Augen durch die Welt geht.

Und so frage ich mich manchmal, was wohl passieren würde, wenn sich zuhause Ähnliches abspielte: Die nette Unterhaltung mit dem mir bis eben noch unbekannten Kellner im Café. Verkäuferinnen, deren Ausstrahlung mich begeistert. Menschen, die mein Interesse an irischen Yoga-Stunden zum Lächeln bringt und mit denen ich daraufhin ins Gespräch komme. Jungs, die ein Surfprojekt mit Kindern starten, und mich mit Freude einen Nachmittag daran teilhaben lassen.

– Auch wenn das mit dem Surfprojekt bei mir zuhause schwierig ist, weil ich bisher nicht am Meer wohne; und auch wenn es in Deutschland keine irischen Yoga-Stunden gibt: Wie wunderbar es doch ist und wie sehr es die Lebensfreude ankurbelt, wenn Menschen sich mit Offenheit, Interesse und Freude begegnen.

12. bis 18. Februar

Wenn die Zeit fliegt, lebst du

Die Tage fliegen nur so vorbei. Eben bin ich aufgestanden und habe losgelegt, schon ist es Abend. Ich warte nicht aufs Wochenende, ich stelle freitags erstaunt fest: „Oh, es ist schon wieder Wochenende!"
Ich erlebe viel. Viel Schönes. Dinge, über die ich nachdenke. Momente, in denen ich glücklich bin – alleine und mit anderen. Ich setze meine Ideen in die Tat um und habe dabei gleich drei neue. Und die Zeit verfliegt.
Manchmal stört mich das. Ich frage mich: „Wo geht die Zeit hin?" Zwar bekomme ich noch mit, dass sie gefüllt ist mit dem, was mir am Herzen liegt. Ich sehe mit Freude, dass ich mehr Zeit mit Dingen verbringe, die ich tun will, als mit Dingen, die getan werden müssen. Und dennoch: Ich könnte doch noch mehr erleben. Ich könnte noch so viel mehr tun. Ich hätte da noch zwei neue Einfälle. Fuerteventura war toll, aber Andalusien will ich auch noch sehen. Wie schön war der Abend mit Daniel im Kino, bei dem uns gleich massenhaft weitere Ideen kamen, was wir noch unternehmen wollen. Gerade habe ich einen neuen Blogartikel geschrieben, da tun sich vor meinem inneren Auge noch zwei Texte auf, die ich schreiben will. Der Ohrwurm von „I like to move it", den ich mir beim Madagascar-Tanzworkshop mit meinen Kids zugezogen habe, ist noch da, während meine Füße schon eine neue Choreografie zu „The Ketchup Song" tanzen wollen. Ich bin mit meiner Arbeit fertig und mühe mich ab bei der Entscheidung, was ich jetzt anschließend am liebsten machen möchte. Oder manchmal bin

ich sogar müde und will doch lieber mal einfach nichts machen.

Während ich also irgendwie mit der Zeit hadere, von der ich doch gerade mal wieder zwei Stunden mehr pro Tag gebrauchen könnte, stolpere ich über einen Satz. Ich lese gerade „Der Klang der Stille" von Sergio Bambaren. Und bleibe hängen bei: „Und genau das ist wahre Liebe: zwei Menschen, die sich an denselben Dingen freuen, ohne ein Wort darüber verlieren zu müssen. Dann fliegt die Zeit dahin, und wenn die Zeit fliegt, lebt man."

Wenn die Zeit fliegt, lebt man. Das stimmt, denke ich. Genauso wie die Sache mit der Liebe, wenn zwei Menschen sich über dieselben Dinge freuen, ohne darüber reden zu müssen.

Vielleicht ist es dann gar nichts Schlimmes und kein Problem, das ich lösen muss, wenn meine Zeit fliegt? Vielleicht heißt das einfach, dass ich lebe?

Schließlich könnten wir immer noch mehr tun. Aber die Frage ist, ob wir nicht lieber mehr leben wollen.

Und vielleicht, wenn wir es richtig anstellen, ist das Leben gar nicht so kurz. Wenn wir leben, wirklich leben, haben wir insgesamt genügend Zeit für das, was wir noch möchten. Dieses Jahr Fuerteventura und nächstes Jahr Andalusien. Diesen Samstag Kino und zwei Wochen später werfen wir dann eine Münze, was auf unserer Liste wir als Nächstes anstellen wollen. Die neue Choreo vielleicht nicht mehr am gleichen Abend wie der Madagascar-Tanzworkshop, aber fünf Tage später.

Auf einmal habe ich nicht mehr das Gefühl, ich hätte zu wenig Zeit. Plötzlich habe ich den Eindruck, dass ich ein buntes, aufregendes, ziemlich wunderbares Leben habe, das ich auskosten will.

19. bis 25. Februar

Meine Freiheit

Eine der Zeiten, in denen ich sehr glücklich war, spielte sich im Alter von 17 Jahren ab. Das hatte mehrere Gründe. Als ich in diesem Alter war, konnte man noch Spaß dabei haben, Abitur zu machen. Es gab eine Kollegstufe, die es uns ermöglichte, Kurse zu wählen, die uns entsprachen. Das hatte den Effekt, dass ich zum ersten Mal gerne in die Schule ging, weil ich mitbestimmen konnte, was ich schwerpunktmäßig lernen wollte.
Dann waren da noch gute Freunde. Wir sahen uns jede Woche, genossen das Leben, anstatt Probleme zu wälzen und konnten zusammen Pferde stehlen.
Und es gab da auch noch einen jungen Mann, den ich sehr gerne hatte. Eine typische Teenie-Love-Story war mir mit ihm nicht vergönnt, denn ein Paar sind wir nie geworden. Aus welchen Gründen auch immer, verbrachten wir Zeit zusammen und es funkelte mal in meinen, mal in seinen Augen, ohne dass wir daraus eine Beziehung konstruiert hätten.
Das begeisterte mich natürlich nicht durchweg, weil Schmetterlinge im Bauch gerade im Teenie-Alter lieber ausagiert werden wollen. Es führte allerdings dazu, dass etwas passierte, das zwischen Männern und Frauen oft nicht mehr hinhaut, wenn sie erstmal zusammen sind: Wir haben nicht aufgehört, uns füreinander zu interessieren und nicht angefangen, uns für selbstverständlich zu nehmen. Er gehörte nicht mir und ich gehörte nicht ihm. Und diese Freiheit schuf einen Raum für Begegnung, wie ich ihn später in Beziehungen selten erlebt habe.

Es blieb über Monate hinweg spannend, zu erfahren, wie der andere die Dinge sieht und wovon er träumt. Die Neugier, zu wissen, wer der andere in Wirklichkeit ist, wurde nicht von Ideen darüber getrübt, wie ich ihn „brauche", um eine Beziehung mit ihm zu führen. Seine Vorstellungen vom Leben waren keine Bedrohung, sondern eine Inspiration für die eigenen.

Deshalb habe ich die ganze Sache letztendlich als toll empfunden: Weil ich frei und autonom sein und so leben konnte, wie ich wollte, und trotzdem jemand Besonderen in meinem Leben hatte, mit dem mich etwas verband.

Heute bin ich älter und sehe natürlich den Haken an der Sache, dass ich mit dem Mann, der mir gefällt, auch zusammen sein möchte. Diese eine Sache will ich aber gerne beibehalten: Die Freiheit, mein Leben so zu führen, wie ich es möchte und wie es mir entspricht. Weil es meins ist und bleibt. Auch dann, wenn ein anderer Mensch ein Teil davon wird.

26. Februar bis 4. März

Stimmt das?

Wir hören so viel den ganzen Tag. Und vieles von dem, was da vom Aufwachen bis zum Schlafengehen an unser Ohr dringt, verkleidet sich als Tatsache.
„Am Wochenende verwöhnt Sie Hoch Jonas mit reichlich Sonne. Sie sollten unbedingt so viel Zeit wie möglich draußen verbringen", erklärt mir eine krampfhaft gutgelaunte Radiomoderatorin während der Fahrt zur Arbeit.
„Ich wollte ja lieber zuhause bleiben", setzt mir eine hustende, schniefende Kollegin auseinander, „aber wenn ich mich jetzt krankgemeldet hätte, wäre die Arbeit ja gar nicht mehr zu schaffen. Ich musste einfach kommen."
„Nehmen Sie besser gleich drei Brezeln", meint der Verkäufer beim Bäcker. „Wir haben heute eine Aktion, da lohnt es sich nicht, bloß zwei Brezeln zu kaufen."
„Ich würde gerne mal zwei Monate auf Reisen gehen", erzählt meine Freundin beim Feierabend-bier. „Aber wann soll ich je so lange frei bekommen? Ich hätte das während des Studium machen müssen. Jetzt geht es nicht mehr."
„Machen Sie sich keine Illusionen: Bei Aldi Regale einzuräumen ist wesentlich lukrativer, als Schriftsteller sein zu wollen", lese ich abends in einem Buch über das Schreiben.
Manchmal frage ich mich dann, weshalb ich mich nach dem Aufeinandertreffen mit anderen Menschen, nach bestimmten Unterhaltungen oder nach dem Lesen von Büchern, die mir eigentlich weiter-helfen

sollten, so mies fühle. Mein Kopf zuckt die Schultern und meint: „Ich weiß nicht, Schätzchen, andere sagen und schreiben doch nur, wie es ist." Mein Herz meldet sich vorsichtig zu Wort und wendet ein: „Aber was ich da höre oder lese, bedrückt mich. Es stiehlt mir die Leichtigkeit." Einen Moment herrscht Stille. Und dann stellt mein Herz – noch vorsichtiger – die Frage in den Raum: „Und außerdem… stimmt das wirklich?"
Und während ich darüber nachdenke – mehr mit-hilfe meiner Intuition, als mit meinem Kopf – ist die Frage plötzlich ziemlich leicht zu beantworten: Vieles von dem, was da so an mich herangetragen wird, ist bei genauerer Betrachtung gar nicht wahr.
Wären sich alle Menschen, deren Herz am Schreiben hängt, einig, dass es gewinnbringender ist, im Supermarkt Kaffee, Chips und Orangensaft aufzufüllen – es stünde kein einziges Buch in meinem Regal.
Würde jeder Mensch, der den Wunsch verspürt, die Welt zu entdecken, gleich aufgeben, weil er nicht von vorneherein zwei Monate Urlaub im Jahr bekommt – es gäbe kaum mehr einen Globetrotter, der Machu Picchu erklimmt oder am Strand von Natadola Bay im weißen Sand sitzt und aufs Meer hinausblickt.
Die Sache mit dem Bäcker ist einfach: Ist es doch, wenn ich etwas kaufe, einzig meine Entscheidung, wie viel davon ich brauche.
In Deutschland bekommst du vom Arzt ein Attest und kannst zuhause bleiben, wenn du krank bist. Würde das jeder machen, der gerade von einer Rotznase und Hustenanfällen geplagt wird – die Wirtschaft würde trotzdem nicht zusammenbrechen und die Bazillen würden sich nicht verbreiten wie ein Lauffeuer.

Und die Sonne am Wochenende, die mich – nach Meinung einer Radiomoderatorin – dazu verpflichtet, mich im Freien aufzuhalten? Ich habe auch schon von Menschen gehört, die wetterunabhängig in ihrer Freizeit das tun, wozu sie am meisten Lust haben… Selbst wenn das bedeutet, bei Sonne einmal nicht draußen rumzurennen, sondern zuhause die Lieblingsserie zu schauen. Wäre möglich.
Ich fühle mich jetzt übrigens gar nicht mehr mies. Und in Zukunft frage ich mich bei dem, was ich alles so höre, öfter mal: Stimmt das?

5. bis 11. März

Facetten

Anna-Lena kennt mich vom Tanzen. Fröhlich, die Hüften schwingend, mit lauter Musik. Als wir uns eines Tages über Ruhe und Auszeiten unterhalten, erzähle ich ihr, wie schön ich es finde – an Abenden ohne Tanzen – einfach mal die Seele baumeln zu lassen, gemütlich auf meiner Couch oder im Sommer auf dem Balkon. Nichts tun. Anna-Lena ist mehr als erstaunt: „Was? Das kann ich mir bei dir gar nicht vorstellen! Du bist doch so ein Energiebündel! DIR gefallen ruhige Abende zuhause?"
Mit Sofie geht es meistens um die meditative Seite des Lebens. Sie ist die richtige Ansprechpartnerin für den Spaziergang durch den Park oder die Tasse Kaffee mit tiefschürfenden Gesprächen. Immer wieder attestiert sie mir: „Dass du so gerne tanzt. Das kann ich mir bei dir gar nicht vorstellen! So extrovertiert wirkst du gar nicht. DU gibst Gas beim Tanzen?"
Die Verblüffung bis hin zur Irritation hat hartnäckig Bestand. Ich scheine nicht beides sein zu können: Dass ich lebenslustig tanze, geht nicht damit zusammen, dass ich in mir ruhe. Dass ich es genieße, ab und zu mal nichts zu tun, lässt sich nicht mit meinem hohen Energielevel vereinbaren. Dass ich extrovertiert bin, wenn ich tanze, schließt aus, dass ich tiefgehende Gespräche führe.
„Aha", denke ich mir jedes Mal. Und bin meinerseits irritiert. Für mich geht beides Hand in Hand. Und gerade gemeinsam – mit diesen beiden Facetten – bin ich total ich.

Und ich denke mir, dass das Leben doch viel mehr Spaß macht, wenn es bunt ist. Wie viel schöner sind viele leuchtende Facetten als das langweilige Schema F. Jeder Mensch ist eine Welt für sich. Und auf der Welt gibt es so viel mehr als Schwarz und Weiß. Ich kann in Australien am Bondi Beach surfen oder in Österreich durch die schneebedeckten Alpen kraxeln. Die Argentinier werden mir anderes über das Leben erzählen als die Norweger. Ich träume von spanischer Tortilla und wünsche mir schwedischen Kuchen zum Nachtisch.
Da kann doch auch mein Herz am Dienstagabend vor Freude hüpfen, weil ich tanze und am Mittwochabend Gelassenheit tanken, weil ich mal für mich bin.
Das Schema F mag das Leben vereinfachen; interessanter wird es dadurch nicht. Spannend sind doch gerade die unterschiedlichen Facetten, die in ihrer Kombination jeden Menschen einzigartig machen. Darüber sollten wir staunen und nicht irritiert sein. Und vielleicht sogar anfangen, unsere eigenen verschiedenen, kunterbunten Seiten zu leben. Informatiker und Basketball-Trainer. Mama und Künstlerin. Polizist und Entertainer. Vor Ideen sprudelnd und in uns gekehrt. Meisterin der Worte und Freundin der lauten Musik. Heute Bachata und morgen Hip-Hop. Liebeskomödien und Action-Filme. Verständnisvoll und energisch. Am Mittwoch die Blue Jeans und am Samstag der gelbleuchtende Rock.
Wäre das nicht vielleicht sogar das Größte? Wenn wir so ganz und gar wir wären, mit allem, was dazu gehört? Ein Gesamtkunstwerk.

12. bis 18. März

Liebe ist einfach

Eine Freundin von mir hat in der Liebe leider nicht so viel Glück gehabt. Trotzdem beschäftigt sie das Thema und wenn wir uns unterhalten, kommen Beziehungen und Männer und Frauen irgendwann unweigerlich zur Sprache. Meistens reden wir dann eine Weile darüber und das Gespräch endet immer mit der gleichen Schlussszene: Sie seufzt und erklärt mir, Beziehungen seien halt kompliziert.

Ich höre mir das an, verstehe auch, warum sie so denkt – und kann ihr dennoch nicht zustimmen. In mir regt sich jedes Mal, wenn sie dieses resignierte Fazit zieht, ein nicht tot zu bekommender Widerstand. Eine innere Stimme flüstert mir zu: „So ist das nicht."

Ich glaube, Liebe ist einfach.

Wenn er dich liebt, ruft er dich an, wenn er's versprochen hat. Der Tag hat 24 Stunden und eine halbe Stunde für ein Telefongespräch hat auch ein noch so beschäftigter Mann, wenn es ihm wichtig ist.

Wenn sie dich liebt, erwartet sie nicht, dass du automatisch die Rechnung im Restaurant übernimmst. Sie geht mit dir essen, weil sie mit dir Zeit verbringen will und nicht, weil du sie einlädst.

Wenn er dich liebt, bringt er dir Blumen mit, weil er weiß, dass du dich darüber freust. Er haut dir nicht um die Ohren, dass Schnittblumen Schwachsinn sind, weil sie sowieso nach zwei Tagen verwelken. Weil es dir was bedeutet, macht er dir ab und zu die Freude.

Wenn sie dich liebt, hängt sie nicht wie eine Klette an dir und du kannst keinen einzigen Abend pro Woche mehr mit deinen Freunden verbringen. Sie macht auch keinen mürrischen Kommentar, weil du zum Fußball-Training gehst, sondern freut sich, wenn ihr am nächsten Tag wieder etwas zusammen unternehmt.

Wenn er dich liebt, hat er Zeit für dich. Liebe ist nicht, dass du an siebter Stelle kommst, nach dem besten Kumpel, Basketball, dem festen Feierabendbier-Termin, mit Sven Playstation spielen, der vierundsiebzigsten Überstunde und dem Sonntagnachmittagskaffee mit der Cousine. Stattdessen will er dich genauso sehen wie du ihn und kümmert sich darum, dass das auch geht.

Wenn sie dich liebt, heiratet sie dich nicht, weil sie schon als kleines Mädchen von der Traumhochzeit mit Champagner und dem Vera Wang-Brautkleid im Wert eines neuen Autos geträumt hat. Sie heiratet dich, weil sie dich für den Rest ihres Lebens an ihrer Seite haben will.

Wenn er dich liebt, ist ihm sein Job nicht wichtiger als du. Jobs sind zum Geld verdienen da. Liebe bekommt er für kein Geld der Welt.

Wenn sie dich liebt, kannst du ihr erzählen, was dich bewegt.

Wenn er dich liebt, lässt er dich nicht hängen.

Schwierig wird das Ganze nur, wenn die Liebe fehlt.

Denn Liebe ist einfach.

19. bis 25. März

Mein Horizont

Was wir erleben, kommt uns oft sehr absolut vor. Wir werden groß, zum Beispiel in einem – winzig kleinen – Land wie Deutschland, auf einem Kontinent, der von seiner Größe her auf der Erde nicht sehr ins Gewicht fällt; und wir denken, das ist die Welt.
Dass wir 40 Stunden die Woche arbeiten und Renten- und Krankenkassenbeiträge bezahlen, dass im Supermarkt acht verschiedene Himbeermarmeladen stehen oder dass wir abends fernsehschauen, das ist das normale Leben.
Meistens glauben wir das so lange, bis wir einmal mit offenen Augen auf Reisen gehen oder mit Menschen aus anderen Teilen der Erde zu tun haben.
Die heftigste Erschütterung meines Weltbildes habe ich in Peru erlebt. Da stehe ich im Alter von 22 Jahren in Lima und staune über die Dunstglocke, die wegen des Smogs wie dichter Nebel über der Stadt hängt. So etwas habe ich in Europa in diesem Ausmaß noch nirgendwo gesehen. Ich esse Obst und frage mich angesichts des ums hundertfache intensiveren Geschmacks, was da bei mir zuhause eigentlich für Bananen und Mangos im Supermarkt liegen, die fast gar nicht so schmecken wie die hier in Peru. Und ich treffe auf Menschen, die genau wissen, wie man das Leben genießt, in einem Land, in dem es – verglichen damit, wo ich herkomme – nichts gibt.
Mein Weltbild wackelt aber auch schon, wenn ich mich mit Luiz unterhalte: Er kommt aus Brasilien. Seit einigen Jahren lebt und arbeitet er in den USA. Er erzählt mir, dass in Amerika die Frage, wie das Wo-

chenende war, ganz schlicht beantwortet werden kann mit: „Gut. Ich war im Kino. Das war nett." In Brasilien würde eine solche Antwort allenfalls als Witz durchgehen; denn ein gutes Wochenende könnte dort niemals nur aus einem Kinobesuch bestehen. Ein gelungenes Wochenende in Brasilien bedeutet, am Freitag nach der Arbeit mit Freunden etwas trinken zu gehen und später die Nacht hindurch zu feiern, den Samstagnachmittag am Strand in der Sonne zu verbringen und in der Nacht wiederum zu feiern. Drunter ist es kein erwähnenswertes Wochenende.
Und selbst, wenn ich in Europa bleibe, sieht die Welt tausend Kilometer weiter schon ganz anders aus. Da herrscht in Portugal eine freundliche Zurückhaltung und Gelassenheit, in der jeder Anflug von deutscher Hektik nur als unhöflich verstanden werden kann. Der Lautstärkepegel und die Lebhaftigkeit in Spanien würden hierzulande wahrscheinlich gegen die eine oder andere Lärmschutzbestimmung verstoßen. Den Iren gelingt das Kunststück, dass am Sonntag die Massen über den Markt im People's Park von Dun Laoghaire strömen und die Atmosphäre aus nichts als Entspannung besteht.
All das zu erleben, zu sehen, zu hören und wahrzunehmen lässt meinen Horizont Jahr für Jahr ein Stück weiter werden. Meine kleine Welt ist nichts Absolutes. Das, was ich kenne, ist nur ein Stück eines Millionen-Teile-Puzzles. Und das macht mich froh. Es wird mir ganz leicht ums Herz. Weil es bedeutet, dass die Welt viel bunter und vielschichtiger ist, dass es unendlich mehr Möglichkeiten gibt als ich dachte. Dass nichts, was bei mir zuhause als absolut gesetzt wird, es wirklich ist.

Und das macht mich gelassen. Denn dass nichts so unumstößlich ist wie es auf den ersten Blick scheint, finde ich überaus beruhigend.

26. März bis 1. April

Love is all around me

„Love is all around me", so heißt ein Song. Liebe ist überall um mich herum. Und an manchen Tagen weiß ich, dass das wahr ist.

Ich glaube, mir geht es wie vielen anderen Menschen auch: Wo die Liebe fehlt, sehe ich meistens zuerst. Die Mutter, die im Supermarkt ihr Kind anpampt, weil es müde ist, lässt mich zusammenzucken. Dass jemand unfreundlich zu mir gewesen ist, stört mich auch fünf Stunden später noch (egal wie sinnlos es ist, weiter darüber nachzudenken). Menschen, die nur sich selbst und ihre eigene Befindlichkeit berücksichtigen, fallen mir unangenehm auf.

In dem Moment, wo ich aber genauer hinsehe, erweitert sich das Bild.

Als ich sonntags wegen einer Allergie nicht mit Freunden in den Park kann, schickt Olga mir am nächsten Tag eine Nachricht, um zu fragen, ob es mir wieder besser geht.

Esther nimmt mich jeden Dienstag mit zum Jazz Dance – weil sie nur fünf Minuten von mir entfernt wohnt und es da doch kein Ding ist, einfach zusammen zu fahren.

Mike wird nicht müde mir zu schreiben, wie großartig er meinen Blog findet.

Die Mutter eines Mädchens aus meinem Kindertanz-Kurs erzählt mir, dass der Kurs für ihre Tochter das Highlight der Woche und sie überglücklich ist, weil ich so nett bin.

Menschen lesen meine Texte und lassen mich wissen, dass das, was ich schreibe, sie bereichert.
Als ich nach einer durchwachten Nacht mit Bauchkrämpfen und Magen-Darm morgens bei meiner Ärztin sitze, ist sie megalieb zu mir.
Hin und wieder laufe ich die Straße entlang, und jemand, der mir entgegenkommt, lächelt mich einfach so an.
Und während ich das alles aufzähle, fallen mir immer mehr solcher Situationen ein. Und ich frage mich: Was interessieren mich da eigentlich noch die Grantler oder Ichlinge, die nicht mitgekriegt haben, dass das Leben mit Liebe viel schöner ist?
Klar ist sie manchmal frustrierend, die fehlende Freundlichkeit und Zugewandtheit, mit der es uns so mancher Zeitgenosse schwer macht.
Aber ich glaube, unsere Aufmerksamkeit sollte ihren Schwerpunkt woanders haben. Nämlich bei den Olgas, Esthers und Mikes dieser Welt.
Es gibt so viel Liebe um uns herum. Wir müssen sie nur sehen.

2. bis 8. April

Innere Freiheit

Innere Freiheit kann unverschämte Glücksgefühle auslösen. Das stellte ich fest, als ich letzten Juni zu einem Sommerfest eingeladen war.
Das Sommerfest war ein Dankeschön für alle freien Mitarbeiter, die im Laufe des Jahres in einem Seminarhaus Workshops und ähnliches angeboten hatten. Ich kannte deshalb die anderen Gäste nicht, kam aber zusammen mit meiner besten Freundin, weil die Einladung auch für Familie und Freunde galt.
Bereits ein Jahr zuvor waren wir beide bei diesem Sommerfest gewesen und hatten es sehr genossen: Das Essen dort schmeckte wahnsinnig lecker. Es gab Vorspeise, Hauptgericht und Nachtisch, jeweils unterbrochen von einer einfallsreichen und verblüffenden Zauber-Show. Ein wirklich gelungener Abend.
Deshalb freuten wir uns auf den Sonntagnachmittag, für den diesmal – statt des Magiers – musikalische Überraschungen angekündigt waren. Und die Köstlichkeiten, die auf der Essenseinladung standen, ließen uns schon vorher das Wasser im Mund zusammenlaufen.
Ein Jahr zuvor hatte das Wetter nicht so mitgespielt. Deshalb fand die Veranstaltung am Ende nicht draußen, sondern drinnen statt, an Zweier- und Vierer-Tischchen. Meine beste Freundin und ich saßen zu zweit gemütlich beisammen und amüsierten uns blendend.
In diesem Jahr schien die Sonne und es versprach ein perfekter Sommerabend zu werden. Die Veranstaltung fand im Innenhof unter freiem Himmel statt und die

Sitzgelegenheiten waren Biertische und Bierbänke, an denen jeweils acht Personen gemeinsam Platz hatten.
Die anfängliche Freude über die angenehmen Temperaturen und den leichten Wind verflogen, als meine Freundin und ich uns setzten. Die Gesellschaft an unserem Tisch war ernüchternd. Ein zähes Gespräch mit Fremden, zu denen sich kein Draht herstellen ließ, zog bereits vor der Vorspeise die Zeit ins Unendliche. Zu zweit über Abenteuer quatschen ging aber auch nicht – außer wir wollten noch mehr Aufmerksamkeit erregen als es das musikalische Unterhaltungsprogramm an diesem Abend tat. Wir sahen uns an, beide mit steigendem Unwohlsein; und beschlossen ohne Worte, dass meine beste Freundin erstmal eine Zigarette brauchte. Wir entfernten uns vom Tisch und gingen aus dem Innenhof ganz nach draußen. Dort angekommen sprachen wir beide aus, was uns schon seit einer Viertelstunde ins Gesicht geschrieben stand: Dieser Abend machte keinen Spaß.
Was zu tun sei, beratschlagten wir nur kurz: Wir gehen einfach. Wieso hierbleiben, wenn es keine Notwendigkeit gibt und es uns nicht gefällt? Warum sich damit aufhalten, was andere eventuell darüber denken? Es ist unser Sonntagabend.
Eine halbe Stunde später saßen wir auf der Terrasse unseres Lieblingsitalieners, orderten Pizza und unterhielten uns großartig. Der Abend hätte schöner nicht sein können. Und das Beste: Wir brauchten kein Glas Wein, um diese berauschenden Glückgefühle zu spüren, die immer dann durch den Körper tanzen, wenn wir uns erlauben zu tun, was wir wollen.
Sich trauen, frei zu sein. Im Außen ist die Freiheit – entgegen aller schiefen Vorstellungen – oft ziemlich

groß. Warum also nicht auch die Tür zur inneren Freiheit öffnen, um das Leben wirklich zu genießen?

9. bis 15. April

Das schönste Geschenk

Ich war 17, als ich einem Freund in Australien eine E-Mail schrieb. (Ich war mit ihm befreundet, seit er ein paar Jahre zuvor einen Schüleraustausch gemacht und einige Zeit an meiner Schule verbracht hatte. Sein Name war Sam.) Ich erzählte Sam von dem Jungen, in den ich so unsterblich verliebt war. Irgendwie stand er wohl auch auf mich, aber nur äußerst selten sah ich ihn. Stets war er mit wichtigeren Dingen beschäftigt. Deshalb wurde nichts daraus und ich schwärmte vergeblich. Frustriert berichtete ich Sam davon, dass wir wieder kein Treffen bewerkstelligt hatten, weil mein Auserwählter zu einer Jam Session mit Kumpels musste. Sams Antwort kam prompt und glasklar: „You deserve to be treated better." – Du hast Besseres verdient.
Meine Freundin Olga ist ein wahrer Schatz. Drehen wir im Winter eine Runde an der frischen Luft, erkundigt sie sich, ob mir kalt ist und versichert mir, ich brauche nur zu sagen, wenn ich lieber in ein Café gehen will. Sitzen wir im Sommer draußen und mir scheint die Sonne ins Gesicht, bietet sie an, mit mir den Platz zu tauschen: Sie hat schließlich ihre Sonnenbrille dabei, sodass es nichts macht, wenn sie Richtung Licht schaut.
Gehe ich mit meiner Mama auf Reisen, hat sie garantiert Nudeln und Pesto im Koffer – damit wir, in der Ferienwohnung angekommen, noch etwas Vernünftiges zu essen machen können. Genauso wie sie am Flughafen eine Flasche sündteures Wasser ersteht und es mir in die Hand drückt. Sie tut das, weil sie weiß,

dass ich echt empfindlich werde, mit zu wenig zu trinken oder einem Loch im Bauch.

Einige Zeit, nachdem Sam mir erklärt hatte, dass ich Besseres verdiene, schrieb er mir von seinem eigenen Liebeskummer: denn er und seine Freundin hatten sich getrennt. Ich schrieb zurück, dass das traurig sei. Und dass ich eigentlich weiter gar nichts dazu sagen könne; es sei einfach traurig. Sam antwortete mir, dass das die sinnvollste Äußerung sei, die er bisher zu der Trennung gehört habe. Kein Bagatellisieren, kein plumper Aufmunterungsversuch, sondern einfach nur die Feststellung, dass so etwas traurig ist.

Als Olga und ich uns an einem Montagabend nach der Arbeit bei ihr zuhause trafen, backten wir zusammen Pizza, nach einem Rezept, mit dem ich schon seit Jahren (ziemlich leckere) Pizza mache. Wir standen in der Küche, unterhielten uns, ich rollte den Teig aus und schließlich belegten wir die Pizza. Olga war glücklich angesichts des leckeren Essens und wie viel Spaß es macht, zu zweit in der Küche zu werkeln.

Zum Geburtstag schenkte ich meiner Mama eine Fotodecke: bedruckt mit den schönsten Bildern aus fünf Jahren gemeinsamen Reisen. Sie freute sich riesig darüber und die Decke ist seitdem jeden Tag auf ihrem Bett ausgebreitet.

Das schönste Geschenk, das andere uns machen können, ist, uns zu sehen.

Das schönste Geschenk, das wir anderen machen können, ist, sie zu sehen.

Es macht mich glücklich, wenn jemand für mich eine klare Position bezieht, möchte, dass es mir gut geht, oder Rücksicht auf meine Besonderheiten nimmt.

Es macht andere glücklich, wenn ich Worte finde, die hilfreich sind, einer Freundin, die selbst nicht so oft kocht, den Abend mit Pizza verschönere oder zum Geburtstag etwas verschenke, das eine Bedeutung hat. Das schönste Geschenk, das wir uns gegenseitig machen können, ist, uns zu sehen.

16. bis 22. April

Am Flughafen

Wenn ich auf Reisen gehe, starte ich meistens am Flughafen Frankfurt. Diesem riesigen Drehkreuz in alle Richtungen der Welt. Eine Freundin von mir arbeitet dort; als sie den Job anfing, war ihr zwei Wochen lang jeden Abend schwindelig von all den Eindrücken und dem Versuch, die unzähligen Wege in ein Gesamtbild zu ordnen, an dem sie sich orientieren könnte. Auch ich schwanke jedes Mal aufs Neue zwischen Faszination und Reizüberflutung, wenn ich mit meinem Koffer durch den Flughafen unterwegs bin und nach dem richtigen Check-in-Schalter Ausschau halte.
Es ist eine Welt für sich. Der Fußweg zum Gate kann ohne Weiteres eine Viertelstunde in Anspruch nehmen. Die Atmosphäre ist hektisch. Es gibt so viele Läden von Luxusmarken, dass mich das Gefühl beschleicht, der Kapitalismus ist hier ungebremst auf dem Höhepunkt angekommen.
In der Regel stört mich all das wenig angesichts der unbändigen Vorfreude aufs Verreisen.
Was ich dabei immer wieder spannend finde, ist der Kontrast, den ich erlebe, wenn ich schließlich am jeweiligen Ankunftsflughafen aus dem Flieger steige. Wie in Barcelona: Auch kein kleiner Flughafen. Aber die Hektik aus Frankfurt fehlt. Die Atmosphäre ist entspannter. Das Tempo etwas langsamer. An der Gepäckausgabe warte ich länger auf meinen Koffer als das in Frankfurt normalerweise der Fall ist; doch ich atme durch.

Oder in Göteborg: Ein Schmuckkästchen von einem Flughafen. Süß. Fast winzig. Wenige Luxusläden, dafür ein Schwedenshop, bei dem mir angesichts seiner Originalität das Herz aufgeht. Hier gibt es bunte Socken statt Schmuck, Schokolade statt Designerhemden.
In Lissabon trifft mich das pralle Leben: Stimmengewirr in der Ankunftshalle. Freundliche, gelassene Menschen, relativ ungerührt angesichts des mittleren Chaos und Gewusels.
An jedem neuen Flughafen beobachte ich das Treiben interessiert. Jedes Mal ist es anders. Und jedes Mal frage ich mich: Wie viel die Atmosphäre an den Flughäfen wohl über das jeweilige Land oder die Stadt aussagt?

23. bis 29. April

Ich will, dass du beim Spülen helfen willst

Es gibt da diesen Film mit Jennifer Aniston und Vince Vaughn („Trennung mit Hindernissen") und die Szene, in der sie nicht möchte, dass er ihr beim Spülen hilft: Er soll ihr beim Spülen helfen **wollen**.
Für ihn ist das bar jeder Logik: Sollte sie doch juhu schreien, dass er ihr hilft und nicht stattdessen auf die absurde Idee kommen, er müsse das auch noch wollen. Warum nur sollte er spülen **wollen**?
Ich selbst war mal mit jemandem zusammen, der wusste, meine Kinder-Tanzprojekte sind mein Ein und Alles. Dafür schlägt mein Herz, da strahle ich vor Begeisterung. Er war derjenige, der irgendwann die Idee ins Spiel brachte, er könne ja einmal mitkommen und sich das, woran mir so viel liegt, ansehen. Ich freute mich. „Genau", dachte ich, „eigentlich gehört das dazu, wenn man zusammen ist, dass man wissen möchte, was den anderen begeistert".
Je konkreter die Idee allerdings wurde, umso unwilliger wurde mein Freund. Am späten Freitagnachmittag, an dem ich den Kinderkurs gebe, sitzt er ja eigentlich immer mit Kollegen beim Feierabendbier. Darauf müsste er ja dann – einmalig – verzichten, wenn er mitkommen wollte. Die Wochen gingen ins Land bis er schließlich einen Freitag fand, an dem er ausnahmsweise dem Feierabendbier fernbleiben konnte.
So fuhren wir gemeinsam zu meinem Kinderkurs. Wir saßen drei Minuten im Auto, da wies er mich darauf hin, ich wisse schon, dass er heute eigens für mich auf sein Feierabendbier verzichtete. Die Kollegen säßen gerade in diesem und jenem Biergarten und er sei

nicht dabei. Lobheischend sah er mich an und verstand nicht, wieso ich nur die Augen verdrehte und erwiderte: „Ja, ich weiß." (Nach dem achten Hinweis in vier Wochen hat es sich wohl bis ins hohe Alter in mein Gedächtnis gebrannt, dass Freitagnachmittag-Termine dem heiligen Feierabendbier zuwiderlaufen.)
Im Kurs angekommen zog er sich an den Rand der Sporthalle zurück und kramte sein Smartphone hervor. Mein Hinweis an die Kinder, mein Freund wolle sich heute mal die Stunde ansehen, wurde von ihnen zur Kenntnis genommen: Nein, das störe sie nicht. In der Tat störte es nicht. Wie soll jemand stören, der sich in eine Ecke stellt, auf sein Smartphone schaut und innerhalb einer Stunde zweimal für zehn Sekunden den Kopf hebt?
Als mein Kurs zu Ende war, war mein Freund total enttäuscht von mir: Weil ich nicht überglücklich darüber war, dass er sich den Kurs angesehen hatte.
Da fiel mir Jennifer Aniston wieder ein. Jennifer Aniston und die Frage, die mir schon häufiger im Leben unter den Nägeln brannte: Wie kann es sein, dass ich jemanden liebe und das, was ihm wichtig ist, interessiert mich nur aus einem Pflichtgefühl heraus und nicht aus einem eigenen Bedürfnis?
Ich kann nur für mich selbst sprechen. Bei mir ist es so, dass es mein eigener Wunsch ist, zu wissen, was die Menschen bewegt, die mir etwas bedeuten. Wenn ich jemanden liebe oder mag führt das dazu, dass ich mich für ihn interessiere. Und es führt auch dazu, dass ein gewisses Maß an Unterstützung etwas Natürliches ist.
Deshalb kann ich Jennifer Aniston verstehen, die die Hilfe beim Spülen nicht deshalb kriegen will, weil sie ihren Typ zwangsweise dazu verdonnert.

Und deshalb hat es mit mir und ihm am Ende nicht geklappt: Weil ich aus tiefstem Herzen überzeugt bin, dass jemand, dem ich wichtig bin, kein Opfer bringt, wenn er sich einmal damit beschäftigt, wofür mein Herz schlägt.

30. April bis 6. Mai

Echte Bedeutung

Ich bin ein Industrieland-Kind. Das heißt, ich bin aufgewachsen mit der hier üblichen Idee, dass der Kontostand, der berufliche Titel und das Staunen der Mitmenschen über vollbrachte Leistungen wichtig sind. Abgemildert zwar durch meine Eltern, die auch andere Ideen dazu hatten, was von Bedeutung ist – wie Liebe, Zusammengehörigkeit und das Leben zu genießen. Doch ich ging in die Schule, hatte Freunde, bewegte mich in diesem Land, das so durch und durch von wirtschaftlichem „Erfolgs"-Denken geprägt ist.
Noch heute, den Kinderschuhen schon eine Weile entwachsen, ertappe ich mich manchmal bei Überlegungen, ob es wichtig wäre, mehr Geld zu haben, ob ich besser wirken könnte in einer prestigeträchtigen Position, ob es mich glücklich machen würde, andere würden meine bisherigen Lebensleistungen bewundern.
Ich schwanke kurz, beeinflusst von den Ideen, die um mich herumgeistern, ob ich es „richtig" mache.
Doch wenn ich dann innehalte, denke ich an die Kinder an der deutschen Schule in Lissabon, mit denen ich einen Tag verbrachte, um darüber zu reden, was glücklich macht. Ich tat das während meines Urlaubs, ohne hochoffizielle Einladung als Expertin und ohne Honorar. Jeder „Erfolgsmensch" hat jetzt abgeschaltet, während ich die leuchtenden Kinderaugen vor mir sehe und daran denke, dass die beiden Lerngruppen, die ich besuchte, anschließend mit ihren Lehrern das Fazit zogen: „Als Karina hier war, war einer der besten Tage."

Ich denke an meine Mama, die ohne mich wahrscheinlich heute noch keinen Fuß in ein Flugzeug gesetzt hätte, und wie sehr sie strahlt, wenn wir uns wieder auf den Weg ans Meer machen.
Ich denke an die neunjährige Angelina, der ich scheinbar unspektakuläre Nachhilfe in Deutsch gebe, und daran, wie überglücklich sie mir erzählte, dass sie sich im Diktat um zwei Noten verbessert hat. Und ich denke an das lachende Gespenst, das sie aus einer Papierserviette für mich bastelte.
Ich denke an Mike, dem ich einfach so, ohne Anlass, ein Care-Paket schickte, weil ich etwas Nettes und Überraschendes tun wollte, und an die begeisterte Facebook-Nachricht in Brieflänge, die er mir daraufhin schrieb.
Ich denke an Nina und Franzi aus meinem Kindertanz-Kurs, die mir einen „Kiss-the-black-sheep-Lipstick" schenkten (der die Farbe wechselt, von schwarz zu pink, sobald man ihn aufträgt). Oder an die Karte, auf der alle Kinder mir schrieben: „Danke für den Spaß, den wir bei dir haben, danke für das Lächeln, das du uns aufs Gesicht zauberst."
Und dann frage ich mich, ob ein besser gefülltes Konto, eine imposantere Berufsbezeichnung oder Beifall für einen hunderte Seiten umfassenden Papiertiger mich glücklicher machen würden. Glücklicher als das Strahlen der Kinder in Lissabon, die Begeisterung meiner Mama, wenn sie am Atlantik steht, das Servietten-Gespenst von Angelina, die Nachricht von Mike, der Schwarzes-Schaf-Lippenstift oder die Karte meiner Tanz-Mädels.
Die Antwort lautet: Nein.
Ich bin mir sicher, dass es in Wahrheit diese Dinge sind, die die echte Bedeutung haben.

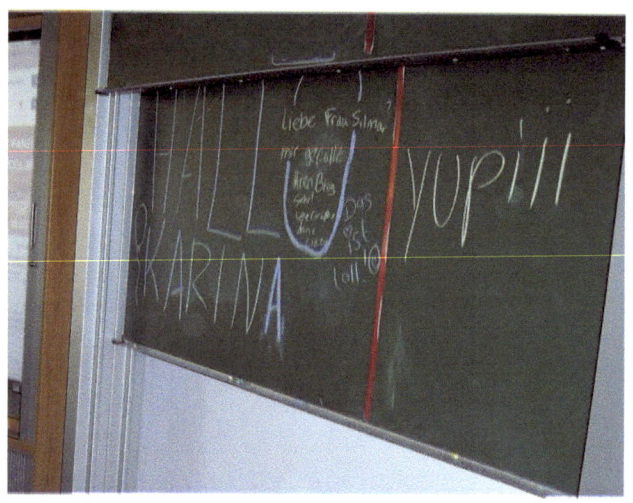

7. bis 13. Mai

Wo geht denn hier das Licht an?

Vor ein paar Wochen stand ich in einem meiner Tanz-Kurse für die Erwachsenen. Der Raum, in dem mein Kurs stattfindet, hat keinen konventionellen Lichtschalter. Stattdessen gibt es eine Art Theke mit einem großen Pult samt Regler für die Musik. Und irgendwo dort in der Nähe ist auch der Schalter fürs Licht.
Mein Kurs beginnt um 19 Uhr. Wenn der Frühling gerade anfängt, ist es um diese Uhrzeit noch hell. So kam es, dass in dem Kurs, der vor meinem stattfindet, noch niemand das Licht angeschaltet hatte.
Ich tat das erstmal auch nicht – war ja noch hell genug draußen – und legte los. Als wir um 19:28 Uhr allerdings eine kleine Pause machten, wurde es allmählich dunkler. Zeit, Licht zu machen.
Und nun stand ich da, vor den vielen, vielen Reglern für die Musik. Den für die Lautstärke kenne ich. Eigentlich war es das aber auch schon. Kabel einstöpseln, Lautstärke hochdrehen und anfangen ist das normale Procedere, wenn ich zur Tür reinkomme.
Dazu muss ich sagen, dass ich zu der Sorte Menschen gehöre, zu denen du sagst: „Schatz, könntest du mal eine neue Packung Salz holen?". Und ich gehe zum Schrank, öffne die Schranktür, schaue hinein, und schaue und schaue. Meine Augen schweifen umher, vom obersten Fach linke Ecke bis zum Boden ganz unten rechte Ecke. Und nach gefühlten fünf Minuten fragst du mich – wenn du mich kennst –: „Du findest es wieder nicht, stimmt's?". Und wenn du mir dann zu Hilfe kommst, stellt sich heraus, dass die Packung Salz direkt vor meiner Nasenspitze steht. Du grinst

und ich verdrehe zwischen „Ja, ich weiß, irgendwie ist es lustig" und „Ein bisschen ist es mir aber auch peinlich" die Augen.
Zurück also zu meinem Kurs: Da stehe ich nun und schaue und schaue... Und mir schwant: Das wird wieder nix. Also strahle ich alle meine Mädels einmal fröhlich an und frage in die Runde: „Hat von euch vielleicht jemand eine Idee, wo jetzt hier genau das Licht angeht?".
Hilfsbereit kommt die erste auf mich zu und schaut mit mir zusammen. Und schaut und schaut. Wir drehen probeweise an einem der Regler. Nichts passiert.
Die zweite kommt dazu und probiert einen anderen Schalter. Nichts passiert.
Zum Schluss stehe ich umringt von fünf Frauen an der Theke, alle schauen wir hochkonzentriert auf die Anlage, drücken Knöpfe... Und keine hat eine Idee, wo hier das Licht angeht.
Und wisst ihr was? Schon fand ich meine „Ich sehe das Salz vor meiner Nase nicht"-Macke nur noch halb so tragisch.
Und jede Frau in meinem Kurs lächelte mich mitfühlend und solidarisch an und bestätigte mir, dass sich die Lage des Lichtschalters nicht von selbst erschließt.
Übrigens: Ich fragte dann unter Aufbietung meines geballten Charmes einen der Herren, der auch Kurse gibt und noch draußen herumlief, ob er mir mal das Licht anschalten könnte. Er grinste nur leicht.
Und der Lichtschalter ist übrigens ganz unten rechts, an einer eigenen Gerätschaft.
Das habe ich also an jenem Tag gelernt. Zusammen mit der Erkenntnis, dass die eigenen Schwächen viel weniger tragisch sind, wenn man so mit ihnen umgeht wie meine Mädels und ich an diesem Tag im Kurs.

14. bis 20. Mai

Gemeinsam sein

Es gibt Menschen, mit denen muss ich in Bewegung bleiben, damit es gut läuft. Da ist die Freundin, mit der ich vorher festlege, was wir kochen wollen und welchen Film wir ansehen, bevor sie einen Abend bei mir verbringt, oder ich bei ihr. Da sind meine Bekannten, die beim Städtetrip die Liste der Sehenswürdigkeiten in der Tasche haben, die wir ansehen sollten. Da ist der Mann, mit dem die Gesprächspause beim Kaffee unbehaglich ist, sodass ich überlege, mit welchem Thema ich die Stille durchbrechen könnte.
Das muss nicht immer schlecht sein. Wenn ich ausprobieren möchte, wie man Banh Xeo kocht und mal wieder „Spy Game" oder „Ziemlich beste Freunde" sehen möchte, kann ich mit meiner Freundin einen schönen Abend haben.
Wenn ich in Heidelberg das Schloss anschauen und über die Alte Brücke flanieren möchte, sind meine Bekannten die richtigen Ansprechpartner für einen Kurztrip.
Im Kletterwald läuft der Mann zu Höchstform auf, und der Nachmittag wird lustig und abenteuerlich.
Dann gibt es da aber noch die Menschen, mit denen ich mich ganz ohne jede Aktivität rundum wohl fühle.
Da ist die Freundin, bei der ich vorbeischauen kann, um nichts weiter zu tun, als gemeinsam auf dem Balkon zu sitzen, mit einer Tasse Kaffee in der Hand, und die Sonne zu genießen.
Da ist der Lieblingsmensch, mit dem ich verreisen kann, ohne irgendwelche Planungen, was wir unternehmen werden. Nach Lust und Laune gehen wir

bummeln oder essen ein Stück Kuchen. Beim Kuchen unterhalten wir uns angeregt oder wir lassen es bleiben. Am Meer schauen wir eine Stunde lang den Wellen zu, wie sie an den Strand rollen, und sind schlichtweg glücklich, das zusammen zu erleben.

Da ist der Mann, bei dem ich nie überlegen muss, worüber ich mit ihm sprechen könnte, weil wir genug gemeinsam haben, um uns etwas zu erzählen. Sagen wir nichts, dann ist die Stille nicht unbehaglich, sondern wohltuend. Er schaut mich an, ich sehe ihn an. Wir lächeln. Er legt den Arm um mich und alles ist gesagt.

Gemeinsam etwas zu tun, kann schön sein.

Verbunden und nahe fühle ich mich mit den Menschen, mit denen gemeinsam ich einfach sein kann.

Denn die entspannten, mühelosen Treffen sind die mit der Freundin, mit der ich auch schlichtweg auf dem Balkon sitzen kann.

Ohne zu zögern und mit riesengroßer Freude den Koffer packen, das tue ich, wenn mein Lieblingsmensch mit mir verreisen möchte, und ich weiß, wir verbringen unsere Zeit damit, zu tun und zu lassen, was wir möchten.

Und verlieben… Verlieben würde ich mich in den Mann, mit dem ich Stille nicht als störend empfinde, sondern sie in vollen Zügen genieße.

21. bis 27. Mai

Tu die Dinge, wenn sie dran sind

Ein bisschen träge hänge ich am Sonntagnachmittag auf meiner Couch. Ich bin müde und finde, ich brauche einen halben Tag mit ganz viel Nichtstun. Da bimmelt mein Handy. Einer meiner Lieblingsmenschen fragt an, ob wir uns treffen, einen Kaffee trinken gehen, ein bisschen quatschen, eine Runde durch die Stadt drehen. Es macht immer Spaß, Zeit mit ihm zu verbringen und füllt meine Akkus auf. Aber der Plan vom Sonntag auf der Couch… Schmeiß ich ihn um oder nicht? Raff ich mich auf oder bleibe ich sitzen? Soll ich fragen, ob wir uns wann anders treffen?
Der nächste Monat ist bei mir schon ziemlich zugebaut. Sehr viel Luft gibt es nicht mehr. Da flattert in mein E-Mail-Postfach ein Newsletter mit diesem Wahnsinns-Tanzworkshop. Ich kenne denjenigen, der den Workshop hält und weiß, seine Kurse sind immer klasse: Voller neuer Ideen, Bewegungen, die mühelos mit dem Beat verschmelzen, Musik, bei der meine Füße von alleine anfangen zu tanzen und mein Kopf leer wird; und am Ende gehe ich strahlend nach Hause und habe noch mindestens zwei Tage gute Laune. Soll ich mich anmelden? Oder passt das Datum einfach nicht? Wird das zu stressig, bei all den anderen Terminen, die ich auch noch habe?
Diese eine Reise geht mir nicht aus dem Kopf. Nachts träume ich davon: Wie es wäre, an diesen besonderen Ort zu fahren. Dort vielleicht auch mehr als nur eine Woche zu verbringen. Einzutauchen in das Leben dort. Auszusteigen aus dem, was mich gerade in Beschlag nimmt, und Kurs auf ein neues Abenteuer zu

nehmen. Soll ich es wagen? Jetzt, hier, zum nächstmöglichen Zeitpunkt ein Flugticket buchen? Oder warte ich damit, bis es sich günstiger mit meinen Verpflichtungen vereinbaren lässt und ich etwas mehr Geld gespart habe?
Eines steht fest: Das Leben findet jetzt statt. Nicht morgen, nicht in zwei Wochen oder einem Monat und erst recht nicht, wenn wir mit knapp 70 endlich in Rente gegangen sind. Deshalb spricht viel dafür, die Feste zu feiern, wie sie fallen. Und das, was jetzt gerade dran ist, nicht zu verschieben, auf die große Gefahr hin, dass aufgeschoben eben doch aufgehoben ist. Ich glaube, wir können das, was wir heute wollen, was uns heute wichtig ist, nicht eins zu eins auf später verschieben. Mit dem Kaffee mit meinem Freund kann ich das vielleicht noch am ehesten machen; und selbst da stellt sich die Frage, ob der Kaffee am Dienstagabend nicht ein anderer wäre als am Sonntagnachmittag. Angenommen, ich verschiebe den Kaffee an einem freien, unbeschwerten, heiteren Sonntagnachmittag mit jemandem, der gerade gut gelaunt in den Startlöchern steht, um mit mir das Leben zu genießen, auf Dienstag. Dann bekomme ich, wenn ich Pech habe, am Ende zwar Kaffee und den Lieblingsmensch, aber in anderer Stimmung und Verfassung, überlagert vom vorangegangen Arbeitstag und ohne die Leichtigkeit, die sonntags in dieser spontanen Idee lag.
Und ob mich der Tanzworkshop, der mich so anlacht, ein paar Monate später noch genauso begeistert, weiß ich erst recht nicht. Im Moment habe ich riesige Lust auf neue Tanz-Ideen, auf Inspiration, darauf, für mich selbst zu einem Workshop zu gehen anstatt ausschließlich Workshops für andere zu halten. Aber in

ein paar Wochen kann sich mein Fokus verändern, dann sind es vielleicht gerade meine eigenen Ideen, an denen ich arbeiten möchte; dann will ich vielleicht viel lieber selbst drei neue Workshops entwickeln und es passt mir gar nicht mehr ins Konzept, mich irgendwo als Teilnehmerin anzumelden.

Und dieses eine Reiseziel, das mich jetzt gerade in seinen Bann zieht, zu dem ich am jetzigen Punkt meines Lebens einen Bezug habe, das mir aktuell ganz viel geben würde; das sagt mir in zwei Jahren vielleicht nicht mehr so viel. Geschweige denn, dass ich wissen könnte, ob ich dorthin eigentlich noch würde fahren wollen, wenn ich bis zur Rente warte.

Tu die Dinge, wenn sie dran sind. Es gibt einen Grund, weshalb du jetzt nach Spanien willst. – Oder Fidschi oder Island oder wo immer es dich magisch hinzieht. Es gibt einen Grund, wieso die eine Sache dich gerade jetzt begeistert und du daraus so viel Energie ziehst. – Sei es das Tanzen oder der eine Film, der im Kino läuft; Gitarre spielen oder diesen Fotokurs machen. Und wenn jemand, der dein Leben reicher macht, dir am Sonntagnachmittag ein Lächeln aufs Gesicht zaubert – dann verschieb lieber das Date mit der Couch auf Dienstag.

28. Mai bis 3. Juni

Vom Reisen und vom Mut

Reisen erfordert manchmal Mut. Noch heute weiß ich, wie ich am Tag der Abreise nach Peru morgens um 5 Uhr im Badezimmer stand, in den Spiegel guckte und zuschaute, wie sich leichte Panik auf meinem Gesicht ausbreitete.
Peru. – Ein anderer Kontinent. – Fünf Wochen lang. – Du kannst dir kaum eine Vorstellung davon machen, wie es dort sein wird und was dich erwartet.
Die Gründe, warum ich diese Reise machen wollte, waren mir urplötzlich entfallen. Meine Abenteuerlust war wohl schon auf dem Weg zum Flughafen, während ich noch da stand, mit meiner Zahnbürste in der Hand, und mich das diffuse Gefühl beschlich, ob ich nicht doch lieber hierbleiben wolle.
Da schoss mir durch den Kopf: „Das würdest du ewig bereuen."
Als ich das Badezimmer verließ, hatte ich meinen Mut wieder zusammengesammelt und es konnte losgehen.
Ich war bereits drei Wochen in Peru unterwegs, da machten wir Station in Arequipa. Dort stand ich dann auf den Dächern von Santa Catalina, schaute mich um und genoss den atemberaubenden Ausblick. Und erst im diesem Moment wurde mir so richtig klar: „Du stehst gerade in Peru. In Südamerika. Unendlich weit weg. Du bist tatsächlich hier. Mein Gott, ist das großartig."
Und genau das war es auch: Etwas Großartiges, ein Erlebnis, das ich auf keinen Fall würde missen wollen. Dafür hat sich der Mut gelohnt, den ich aufbringen musste.

Das ist das Tolle und das Aufregende am Reisen. Wenn es nicht der Anflug leichter Panik ist, weil man gleich Kontinent, Kulturkreis oder Klimazone wechselt, dann ist es immer noch dieses Kribbeln im Bauch, wenn es irgendwohin geht, wo man zuvor noch nie gewesen ist. Diese Neugier, wie es sein wird. Selbst wenn man im Vorfeld hundert Bilder und fünf Filme über das Reiseziel angeschaut hat, es ist nicht dasselbe, wie wirklich dort zu stehen, zu spüren, wie sich an diesem Ort die Luft auf der Haut anfühlt, wie sich die Geräuschkulisse anhört, wie die Atmosphäre ist oder welche Ausstrahlung die Menschen haben.
Und das ist es auch, womit man immer wieder belohnt wird, wenn man sich traut, fremde Länder zu entdecken: Mit neuen und unvergleichlichen Eindrücken, die eine der größten Inspirationsquellen sein können und häufig noch ihre Kreise ziehen, lange nachdem man bereits wieder zuhause ist.

4. bis 10. Juni

Wahre Märchen

Die Liebe ist nicht wie in Disney Filmen, stimmt's? Verzaubert ist man nur am Anfang. Die Magie lässt früher oder später nach.
Genauso wie Freundschaft nicht wie bei „Friends" funktioniert. Man verbringt nicht jeden Tag zusammen. Man ist froh, wenn man in seinem Terminkalender einmal im Monat ein freies Fleckchen findet.
Seit ich denken kann, frage ich mich, warum das so zwangsläufig ist. „So ist das Leben" ist die häufigste Antwort, die ich auf diese Frage bisher gehört habe. Es ist nur ein Märchen, die Geschichte vom glücklichen Zusammenleben bis ans Lebensende. An ihre Stelle tritt die Arbeit und der Stress, die kaputte Waschmaschine, To-Do-Listen und chronische Begeisterungslosigkeit.
Das Gefühl, dass diese Resignation nicht sein müsste, werde ich bis heute nicht los. Ich glaube immer noch, dass das Märchen wahr ist. Dass es meine eigene Entscheidung ist, ob mein Elan für meine Beziehung erlischt, kaum dass nach den ersten Wochen die Schmetterlinge im Bauch nicht mehr ganz so heftig mit den Flügeln schlagen. Dass ich es bin, die festlegt, wie viel Zeit und Raum ich meinem besten Freund einräume. Dass es meine Prioritäten sind, die bestimmen, ob es in meinem Leben in erster Linie um To-Do-Listen und kaputte Waschmaschinen geht oder um die Menschen, die mein Herz höher schlagen lassen.
Wenn ich am Anfang meiner Beziehung täglich Nachrichten schreiben und nachfragen kann, wie es dem Anderen geht – wieso wird das drei Monate später

plötzlich zum Ding der Unmöglichkeit? Wenn ich Zeit habe, jeden Abend fernzusehen – warum erzähle ich meinen besten Freunden dann wochenlang, dass ich keine zwei Stunden übrig habe, um mich mit ihnen auf einen Kaffee zu treffen? Wenn ich vor dem Liebesfilm sitzen und von einem romantischen Abend träumen kann – weshalb kann ich nicht mein Handy in die Hand nehmen und mich mit demjenigen verabreden, mit dem ich genau das gerne erleben würde?
Und ich kriege mit, dass meine Nachbarin (mit Mann, Kindern und Job) dreimal die Woche mit ihrer besten Freundin joggen geht; und dass die beiden davor oder danach genügend Zeit haben, um auf dem Mäuerchen vor dem Haus zu sitzen und sich zu unterhalten. Ich weiß von meinem Bruder, dass er von Montag bis Freitag in der Mittagspause eine Nachricht an seine Frau schickt; und dass die beiden nach vielen gemeinsamen Jahren immer noch zusammen tanzen gehen. Ich kenne Menschen, die alles andere für mich stehen und liegen lassen, wenn ich sie gerade dringend brauche; und mit denen ich an einem normalen Mittwoch magische Momente erleben kann.
Und ich versuche auch selbst, jeden Tag aufs Neue zu entscheiden, was in meinem Leben Platz haben soll. Manchmal lebe ich dann tatsächlich im Disney Film.
Es gibt wahre Märchen, wenn wir sie Realität werden lassen.

11. bis 17. Juni

Einfach leben

Eine entscheidende Sache, die meine Mama mir über Glück und Gelassenheit beigebracht hat, besteht aus zwei Worten: Einfach leben.
Es sind zwei Worte, die gleich doppelt deutlich machen, wie ich mir viele Sorgen und Grübeleien ersparen und an ihre Stelle Leichtigkeit und Zufriedenheit setzen kann.
Indem ich einfach **lebe**: Jeden Tag das, was kommt. Es reicht in den allermeisten Fällen nämlich völlig, sich mit dem zu beschäftigen, was gerade ist. All unsere Zukunftsvisionen im Kopf, unsere Befürchtungen und unsere Hoffnungen, unsere Ideen und unsere Erwartungen sind nicht das Leben. Sie sind Phantasie. Wir denken sie uns aus, während das Leben weitergeht. Zu viel im eigenen Kopf zu leben, kann bewirken, das echte Leben zu verpassen. Die Tasse Kaffee, die gerade leibhaftig vor mir steht, während ich überlege, ob ich die Küche putzen müsste. Dass ich gerade gar keine Geldsorgen habe, kann mir völlig entfallen, wenn ich ständig nur grüble, ob das wohl in 20 Jahren auch noch so sein wird. Ich vergesse, dass mein Job mir Spaß macht, über all den Sorgen, was passieren könnte, wenn wir eine neue Chefin kriegen. Ich denke darüber nach, was ich noch erreichen will oder muss, welche Entwicklungen ich mir für mein Leben noch vorstellen könnte; und sehe nicht, dass meine Gegenwart schon ganz von alleine in die Zukunft führt. Dass Dinge organisch wachsen. Dass ich meistens nichts dafür tun muss, damit das Leben weitergeht.

Was ich außerdem tun kann, während ich einfach **lebe**, ist **einfach** zu leben: Während Geld in der westlichen Welt ein so beherrschendes Thema ist, hat meine Mama mir beigebracht, dass ein erfülltes Leben nicht vom Geld abhängt. Sie sagte mir sogar mal, je mehr Geld man hat, umso mehr Sorgen macht man sich meistens. Deshalb ist der zweite Gefallen, den ich mir tun kann, **einfach** zu leben. Mit dem, was man zum Leben braucht, aber ohne mir anzugewöhnen, zu viel Geld für Dinge auszugeben, die bei genauerer Betrachtung überflüssig sind. Vielleicht mal die Thermoskanne Kaffee mitzunehmen anstatt ständig auf Coffee to go auszuweichen. Wenn mein Kleiderschrank schon überquillt, eventuell mal nur ein neues Oberteil anzuschaffen und nicht fünf. Weniger Geld für Schnickschnack und Kleinkram auszugeben, sondern lieber für das, was ich wirklich unbedingt will.

Auch das macht zufrieden, weil ich nicht mehr ganz so intensiv übers Bankkonto nachdenken muss. Freier, weil nicht mehr die einzig berechtigte Frage ist, wo möglichst viel Schotter herkommt, sondern auch, was ich grundständig im Leben eigentlich will.

Einfach leben. Diese beiden Worte fallen mir immer ein, wenn ich es mir gerade zu schwer mache. Sie rücken in meinem Kopf die Dinge wieder gerade und bringen mir die Leichtigkeit zurück.

Ich hoffe, euch vielleicht auch.

– Und danke, Mama.

18. bis 24. Juni

So geht Leben

Es ist Freitagabend und ich stehe in meinem Kinder-Tanzkurs. Gerade haben wir unser Aufwärm-Lied getanzt. Jetzt sind wir dabei, die Schritte für eine neue Choreografie zu lernen. Nach einer Weile machen wir eine Trinkpause. Die Kinder schnappen sich ihre Wasserflaschen, trinken einen Schluck und erzählen sich untereinander das Neueste. Auch Klara nimmt ihre Wasserflasche; allerdings lässt sie sich mit der Flasche in der Hand langsam auf den Boden der Turnhalle sinken und schaut ermattet in meine Richtung. Ich gehe zu ihr, lächle sie an und frage: „Na Klara, alles gut?". Sie lächelt zurück und sagt: „Ja. Wir waren heute mit der Schule im Kletterwald. Jetzt bin ich ziemlich müde." Und ohne jeden Anflug von Unzufriedenheit sitzt sie ein wenig erledigt auf dem Hallenboden, lehnt sich an die Wand und trinkt aus ihrer Wasserflasche.
Ich schaue Klara an und denke: „Genau so geht Leben." – Wenn man müde ist, ist man eben müde. Wie viel einfacher wäre das Leben, wenn ich könnte, was Klara kann?
Ich mache es mir immer wieder mal gerne unnötig schwer, indem ich zu wenig danach gehe, was gerade meine Verfassung ist. Da bin ich müde, meine aber, ich müsste unbedingt jetzt noch einen neuen Artikel für meinen Blog schreiben anstatt einfach mal auf die Couch zu gehen. Oder ich bin müde, muss aber de facto noch etwas arbeiten – und kann mir nicht zugestehen, dass ich das auch mal mit ein bisschen weniger als dem gewohnten Energielevel tun kann.

Da bin ich gerade fit und würde gerne eine neue Choreografie entwickeln, denke aber, zu allererst muss ich meine Bude aufräumen.
Da ist perfektes Schwimmbad-Wetter und ich glaube, ich kann erst ins Schwimmbad, wenn ich vorher noch fünf Sachen erledigt habe.
Da möchte ich am Sonntagvormittag nichts lieber als mich mit dem äußerst spannenden Buch, das ich gerade lese, auf meinen Balkon setzen, und zweifle, ob ich nicht erstmal einen Blick in mein E-Mail-Postfach werfen sollte.
Dabei wäre das Leben so einfach: Wenn ich müde bin, bin ich müde. Dann gehe ich entweder erstmal auf meine Couch oder – wenn das gerade nicht möglich ist – fahre mein Engagement um zwei Prozentpunkte zurück, um festzustellen, dass das auch nichts macht.
Wenn ich tanzen will, tanze ich – jetzt oder bei nächster Gelegenheit.
Wenn ich gute Laune habe, genieße ich es in vollen Zügen.
Wenn ich schlechte Laune habe, nehme ich es wahr und bin nett zu mir selbst.
Wenn ich Hunger habe, esse ich was.
Wenn ich Lust auf einen spontanen Biergarten-Besuch mit Freunden habe, nehme ich mein Telefon in die Hand und rufe sie an.
Wenn ich meine Ruhe will, sage ich auch mal Nein.
Wenn ich in mich gekehrt bin, bin ich in mich gekehrt.
Wenn ich lustig bin, bin ich lustig.
Wenn ich das lebe, was gerade ist, ist das Leben viel schöner und leichtfüßiger.

25. Juni bis 1. Juli

Echt authentisch

Ich verreise nie ohne meine Kopfhörer. Wenn ich „Girls Like You" von Maroon 5 höre, während der Flieger abhebt, „100 Años" von HA-ASH & Prince Royce, „When You're Ready" von Shawn Mendes oder „Sitting On Top Of The World" von Amanda Marshall, dann kann die Reise nur gut werden.
Meine Kopfhörer, die sind ein bisschen speziell. Sie sind nämlich pink, mit Hello Kitty und rosa Schleifchen darauf. Ich finde solche Sachen toll. Sie machen das Leben bunt und zaubern ein Lächeln aufs Gesicht, noch dazu nachdem mir diese Kopfhörer ein Lieblingsmensch geschenkt hat.
Sie dürfen also in meinem Handgepäck nicht fehlen. Bei der letzten Sicherheitskontrolle landeten sie dann zusammen mit meinem Handy und sonstigen elektronischen Geräten in der Box, die zum Durchleuchten davonfuhr. Als die Box am anderen Ende wieder auftauchte, fiel der Blick einer Mitarbeiterin darauf, und sie fragte: „Wem gehört denn das?"
Im so ganz, ganz normalen Leben hätte die Gefahr bestanden, dass ich mich jetzt doch zu 5 Prozent gefragt hätte, ob es mir peinlich sein müsste, als erwachsene Frau Hello Kitty-Kopfhörer zu besitzen. Das Gute am Verreisen ist aber, dass es die normalen Abläufe ein Stück weit aushebelt. Auf Reisen fühle ich mich unbefangener, aufgeschlossener und ein klein wenig verwegener als sonst. Deshalb antwortete ich schlichtweg: „Das gehört mir" und steuerte meine Box an.

Die Mitarbeiterin warf mir einen interessierten Blick zu und verkündete: „Oh wie süß!"
Ich nickte und schenkte ihr ein Lächeln. Daraufhin erzählte sie mir voller Begeisterung, dass sie letztens erst im Freizeitpark war und alle Sachen gefahren ist, die eigentlich für Kinder sind. Ihr Freund habe sich blendend darüber amüsiert. „Aber das muss man sich bewahren!", schloss sie und strahlte mich an.
Ich stimmte ihr aus vollem Herzen zu und wir wechselten noch ein paar Worte, während ich meine Kopfhörer wieder in meine Tasche packte.
Manchmal ist es so cool, einfach völlig authentisch zu sein: Nicht zu verbergen, dass ich meine Hello Kitty-Kopfhörer liebe, und dabei zu erfahren, dass die Frau, die an der Sicherheitskontrolle arbeitet, einen Riesenspaß im Freizeitpark hatte. Drei nette Sätze zu wechseln und sich völlig einig zu sein, dass man auch als Erwachsene noch ein bisschen „Kinderkram" braucht.
Authentisch sein macht glücklich. Und wenn etwas wie geschaffen dafür ist, uns authentischer und echter sein zu lassen, dann ist es, auf Reisen zu gehen. Unbefangen, mutig, mit offenen Augen und offenem Herzen für diese schöne Welt und all ihre Erlebnisse, Begegnungen und besonderen Momente.

2. bis 8. Juli

Raus damit

Ein Bekannter von mir erklärte einmal, es sei nicht nötig, dass er seiner Freundin eigens sage, dass er sie liebt. Schließlich sei er doch immer noch mit ihr zusammen; das zeige bereits ausreichend seine Liebe zu ihr.
Dass die neue Choreografie in meinem Erwachsenen-Tanzkurs gut ankommt, kann ich in der Regel nicht aus dem Gesichtsausdruck meiner Teilnehmerinnen schließen: Hochkonzentriert verfolgen sie die Schritte und verziehen keine Miene. Was die beliebtesten Songs und Choreos waren, erfahre ich – wenn überhaupt – nur zufällig und oft viel später; beispielsweise, als eine Teilnehmerin mich fragte, ob wir noch einmal zu „Bonfire Heart" tanzen könnten, das hätte ihr so gut gefallen. Zu diesem Zeitpunkt war es schon mehrere Wochen her, dass ich das Lied aus der Playlist genommen hatte.
Eine Freundin von mir erwidert, wenn sie angerufen wird, auf die Frage, ob man sie gerade stört, stets: „Nein, nein." Der starke Verdacht, dass das nicht immer wahr ist, drängt sich auf – angesichts der vielen Male, als man sie zwar nicht störte, sie aber extrem einsilbig und kurz angebunden war.
Ich sitze nicht so gerne vier und fünf Stunden beim Essen oder in der Kneipe zusammen. Für mich ist es schöner, meine Freunde häufiger zu treffen; dafür aber lieber mal auf ein, zwei Stündchen als gleich den halben Tag. Mehr als einmal wünschte ich mir schon, mein Gegenüber würde das von selbst kapieren und ich müsste nicht die „Spielverderberin" sein, die nach

zwei Stunden lieber die Rechnung statt eines weiteren Getränks bestellt.

Wir neigen bei vielen Dingen dazu zu glauben, dass die anderen sie doch von alleine wissen müssten.

Mein Bekannter glaubt, seine Freundin weiß, dass er sie liebt – auch wenn er es nie ausspricht.

Meine Tanz-Mädels glauben wahrscheinlich, ich wüsste sowieso, dass sie meine Choreografien mögen – auch wenn sie es nicht eigens sagen.

Meine Freundin will nicht zugeben, dass ich sie gerade zu einem ungünstigen Zeitpunkt anrufe – doch ich kann nicht telepathisch erfassen, ob sie im Moment beschäftigt ist, bevor ich das Telefon in die Hand nehme.

Es würde mein Leben extrem erleichtern, wenn auch andere sich nach zwei Stunden fürs Erste genug unterhalten hätten – und dennoch bleibt mir nichts anderes übrig als kundzutun, dass es mir jetzt reicht, während der andere gerne noch länger geblieben wäre.

Weil andere nicht wir sind und auch nicht in unseren Kopf hineinsehen können, ist es hilfreich, wenn wir öfter mal mit der Sprache rausrücken.

Dann gebe ich eben zu, dass ich gerne nach Hause und noch ein bisschen zu einem spannenden Buch oder meinem nächsten Blogartikel wollte; und fühle mich wohler, weil ich authentisch bin und zu mir stehe. Meiner Freundin fällt vielleicht noch auf, dass nichts dabei ist zu sagen, wenn es gerade ungünstig ist; und lieber später zurückzurufen. Mit meinen Tanz-Mädels wechsle ich zum Glück auch öfter mal ein paar Worte vor oder nach dem Kurs; und erfahre doch noch, welche Lieder ihnen die liebsten sind. Und mein Bekannter? Dem sagt seine Freundin hoffentlich irgendwann mal, dass Liebe vielleicht doch nicht ganz so selbsterklärend ist wie er denkt; und dass nahezu jede Frau auf der Welt gleich viel glücklicher ist, wenn sie auch mal hört, welche Gefühle ihr denn nun genau entgegengebracht werden.

9. bis 15. Juli

Von der Glückseligkeit gut zu schlafen

Nachts um drei schrecke ich hoch. Ich hatte diesen bescheuerten Traum, in dem man dringend irgendwohin muss, aber einfach nicht vom Fleck kommt: Im Traum schaffte ich es nicht, meinen Koffer fertig zu packen, rannte einem Zug hinterher, der ohne mich losfuhr und jetzt bin ich wach, gestresst und mir ist heiß. Ich stehe auf, trinke einen Schluck Wasser, atme durch und lege mich wieder hin. Da kreiselt durch meinen Kopf, was ich morgen erledigen muss, worüber ich mir aktuell Sorgen machen könnte und das beklommene Gefühl aus dem doofen Traum will nicht verschwinden.

Am nächsten Morgen bin ich gerädert und schlecht gelaunt. Erst nach der dritten Tasse Kaffee hellt sich mein Gemütszustand ein klein wenig auf.

Wie wahnsinnig schön ist es dagegen, wenn mein Kopf abends um elf auf mein Kopfkissen fällt, ich kuschle mich ins Bett, sinke zehn Minuten später in tiefen Schlaf, träume vom Sonnenuntergang in Portugal und wache acht Stunden später ausgeruht, fröhlich und voller Energie wieder auf. Das ist die pure Glückseligkeit, besonders wenn ich in der Nacht zuvor das Szenario Nummer Eins erlebt habe.

Und ich frage mich: Sind es nicht genau genommen diese Dinge, die mich tatsächlich glücklich machen? Die kleinen, unspektakulären Dinge, die ich häufig wenig beachte, die aber mit leisen Tönen beständig für meine Zufriedenheit sorgen und nicht nur kurz?

Und während ich so darüber nachdenke, stelle ich fest: Klar gibt es besondere Momente, die ein stärkeres und größeres Glücksgefühl auslösen als die Tatsache, dass ich gut geschlafen habe. Der spektakuläre Ausflug mit Freunden zu Holiday on Ice. Ein gigantischer erster Kuss unter dem Sternenhimmel. Ein unglaubliches Black Angus Rumpsteak. Übernachten in der Oase Sangalle im Colca Canyon in Peru. Da tanzen die Glückshormone Limbo in meinem Körper – für diesen einen Abend.
Was ich mir aber tatsächlich von ganzem Herzen wünsche, ist ein glückliches Leben. Ein komplettes, ganzes glückliches Leben. Und das kriege ich nicht hin, wenn ich von Highlights lebe. Die können mein Leben zusätzlich bereichern. Aber dass es jeden Tag aufs Neue glücklich ist, das schaffen diese Dinge: die Freunde, die sich jede Woche wieder Zeit für mich nehmen – auch für einen Kaffee in der Stadt, einen Abend mit Pizza und einem Film oder eine Runde Joggen durch den Park. Der Mann, der mir jeden Tag einen Kuss gibt und mir ein Lächeln schenkt – auch in einer dreckigen Küche, in der sich gerade das Geschirr stapelt. Jeden Tag etwas Leckeres zu essen – von Reis mit Eiern und grüner Soße über Nudeln mit Tomatensoße oder selbstgemachtem Flammkuchen. Und dass ich gut schlafe – in meinem Bett, von Montag bis Sonntag, zwar ohne peruanischen Sternenhimmel über mir, aber gemütlich und erholsam und so, dass ich am nächsten Tag Lust auf einen neuen Tag habe. Einen neuen Tag in einem glücklichen Leben.

16. bis 22. Juli

Mittagspause im Park

Vor etwa zehn Jahren war ich für eine Woche in Paris. Das war damals mein dritter Besuch in dieser schönen Stadt. Und gleichzeitig das erste Mal, dass ich ein Flugzeug bestiegen habe. Zum ersten Mal zu fliegen war echt aufregend und wahnsinnig toll. Paris zu erkunden war auch beim dritten Mal immer noch spannend und inspirierend.
Ich stand – wie könnte es anders sein – auf dem Eiffelturm und blickte über das unverwechselbare Häusermeer von Paris. Dabei dachte ich mir: Wenn es nur möglich wäre, sich durch die Welt zu beamen, dann könnte ich einmal die Woche hier stehen und über Paris schauen und alles wäre gut.
Im Hard Rock Café bestaunte ich die Gitarren von Andy Summers, Eric Clapton, Lenny Kravitz, Slash und Angus Young, trank einen unglaublich teuren Kaffee und fand es mit meinen Anfang 20 den Inbegriff von Coolness, hier zu sein.
Abends saß ich auf den Stufen vor Sacré Coeur, trank Cidre und fand keine Worte, um die Lichter der Stadt zu beschreiben.
Doch neben alledem gibt es da noch diese eine Sache. Es war um die Mittagszeit, als ich im Jardin du Luxembourg auf einer Wiese saß. Die Sonne schien, der Park war ruhig und friedlich. Um mich herum hatten viele Mütter mit ihren Kindern eine Decke ausgebreitet und einen Picknickkorb dabei. Sie hatten gerade alles aufgebaut, als aus verschiedenen Richtungen Männer in Anzügen auftauchten. Jeder steuerte die zu

ihm gehörige Frau samt Kind(ern) an, setzte sich mit auf die Decke und das Picknick konnte losgehen.

Diese eine Szene hat mich so nachhaltig beeindruckt, dass ich sie auch nach zehn Jahren nicht vergessen habe, obwohl sie nichts mit den üblichen Paris-Erlebnissen zu tun hat. Ich hatte in meinem Leben zuvor noch nie gesehen, dass Männer offensichtlich in ihrer Mittagspause mit ihrer Familie ein Picknick im Park veranstalteten. Ich fand das unglaublich schön, es rührte mich richtig, zu sehen, wie sie mit ihrer Frau in der Sonne saßen, aßen, sich unterhielten und die Kinder hüpften um sie herum.

Und schon mit Anfang 20 dachte ich mir: Wie anders wäre wohl Familienleben, wenn diese Mittagspausen-Picknicks nicht nur im Jardin du Luxembourg in Paris stattfänden, sondern ihre Kreise um den Globus zögen?

23. bis 29. Juli

Tschüss Neid

Neid ist ein ätzendes Gefühl, oder? Er macht beklommen, sauer und vergiftet die eigene Lebensfreude. Wenn ich mich frage, warum Andreas seinen Traumjob hat und ich nicht, warum Miriam so einen tollen und fürsorglichen Mann hat und ich nicht, oder warum Elena Abenteuerurlaub in Ecuador macht und ich nicht – dann habe ich in diesem Moment die Möglichkeit, glücklich und zufrieden zu sein, zerstört.
Außerdem bin ich noch niemandem begegnet, dem es gelungen ist, mithilfe von Neid das zu erreichen, was er sich gewünscht hätte.
Eine Freundin gab mir einmal drei Tipps, sich von Neid zu kurieren. Auf den ersten Blick erscheinen sie paradox und skurril, auf den zweiten Blick fand ich sie genial.
Tipp Nummer Eins lautet: Mache demjenigen, auf den du neidisch bist, ein Kompliment. Konkret bedeutet das: Lass Andreas wissen, wie aufregend du es findest, dass er als Landschaftsarchitekt Parks und Gärten in ganz Europa gestaltet. Sage Miriam, wie gut sie ihren Mann ausgesucht hat, der ihr auch nach fünf gemeinsamen Jahren immer noch Blumen schenkt. Verrate Elena, wie beindruckt du von ihrem Mut bist, alleine nach Ecuador zu reisen. Im ersten Augenblick fühlt sich das an, als würde ich gegen die eigene Intuition handeln – nur dass es in diesem Fall nicht die Intuition, sondern der Neid ist, der mich abhält. Der Neid, der sofort verschwindet, wenn ich tatsächlich ein Kompliment ausspreche. Denn plötzlich denke ich nicht mehr darüber nach, dass es mir stinkt, dass ich

nicht das Gleiche wie Andreas, Miriam oder Elena habe. Stattdessen erkenne ich an, was sie geschafft haben. Das bekommt mir nicht nur besser, das führt in manchen Fällen sogar zu neuen oder besseren Freundschaften mit Menschen, die ein Vorbild oder eine Motivation für das sein können, was ich mir wünsche.
Tipp Nummer Zwei: Gib genau das, von dem du denkst, dass es dir fehlt. Du glaubst, du verdienst nicht genug Geld? Dann spende etwas an das Tierheim, ein Kinderdorf oder die Tafeln. Du glaubst, du bekommst nicht genug Liebe? Dann nimm dir einen Nachmittag für einen Menschen Zeit, der sich über deine Zuwendung freut. Du glaubst, du erlebst nicht genug? Dann veranstalte für deine Freunde eine einmalige, unvergessliche Aktion, sei es die Schatzsuche im Park, ein Themenabend zu eurem Lieblingsfilm oder der Ausflug in dieses neue indische Restaurant. Und plötzlich wird dir klar, dass du genug Geld hast, dass du, je mehr Liebe du gibst umso mehr Liebe bekommst, und dass es an dir selbst liegt, wie viel oder wenig du erlebst,
Der dritte und letzte Tipp meiner Freundin hieß: Vergleich dich nicht. Kein Mensch ist wie der andere. Wir sind alle unterschiedlich und werden deshalb nie exakt das Gleiche erreichen können wie jemand anderes. Zum Glück. Denn es würde nicht zu uns passen. Selbst wenn ich auch gerne als Landschaftsarchitekt durch Europa reisen würde: Ich müsste es auf meine Art tun, und nicht auf Andreas' Art. Selbst wenn ich mir ebenfalls einen Mann wünsche, der mir nach fünf Jahren noch Blumen schenkt: Ich brauche eine Beziehung, die zu mir passt, und kein Abziehbild von Miriams Ehe. Und selbst wenn ich auch gerne den Mut hätte, alleine nach Ecuador zu reisen: Meine Rei-

se würde anders aussehen als die Reise, die Elena vor sich hat.

Spürt ihr auch, wie der Neid sich in Luft auflöst? Falls er noch zu fünf Prozent da ist, lasst mich Folgendes hinzufügen: Es ist nicht wahr, dass wir bestimmte Dinge nicht haben können, weil andere sie haben. Es ist genug für alle da. Es gibt kein Limit an Traumjobs, Traummännern, Traumreisen, oder was auch immer ihr euch wünscht. Andreas hat seinen Traumjob – und genauso kannst du deinen Traumjob haben. Miriam hat ihren Traummann – und genauso kannst du deinen Traummann heiraten. Elena hat ihre Traumreise – und genauso kannst du in den Flieger steigen und deine eigene erleben.

30. Juli bis 5. August

Liebe ist etwas, das du tust

In meinem Leben gab es den einen oder anderen Mann, der mir sagte, wie wichtig ich ihm bin. Manchmal sogar, dass er mich liebt.
Das zu hören ist schön. Meistens strahlte ich, wenn ein Mann mir das sagte, mein Herz schlug ein bisschen schneller und die nächsten Stunden lief ich mit einem kleinen, manchmal auch großen Glücksgefühl durch die Welt.
Doch die Momente, die mir wirklich in Erinnerung geblieben sind, sind andere. Wenn ich an Schönes zurückdenke, das ich bisher mit Männern erleben durfte, dreht es sich dabei nie um den Satz „Ich liebe dich" oder „Du bist mir wirklich wichtig".
Stattdessen denke ich daran, dass ich einmal einen absolut ätzenden Job hatte. Das beschäftigte mich sehr und es ging mir deshalb mies. An einem Nachmittag redete ich darüber mit dem Mann, der damals seit vier Monaten zu meinem Leben gehörte. Er hörte mir zu und sagte zu mir: „Weißt du was, ich gebe dir jetzt mal den Schlüssel für meine Wohnung. Dann kannst du jederzeit herkommen, wann du willst, oder wenn etwas ist."
Ich denke an den Mann, mit dem ich einen Samstagnachmittag im Februar am See verbrachte. Die Sonne strahle hell vom Himmel, aber es war kalt. Am Seeufer war es menschenleer, außer uns war niemand dort. Und wir beide alberten herum wie die Kinder, rannten durch den Sand am Ufer, kabbelten uns, lachten und schauten uns an. Keine Worte nötig. Auch nicht, als wir anschließend zu ihm fuhren und mitten

im Februar den Grill anschmissen. An diesem Nachmittag gab es nichts Schöneres, als zusammen einer so wundervollen Idee nachzugeben wie im Winter im Garten ein Steak auf den Grill zu legen.
Ich denke an den Mann, von dem ich das perfekte Weihnachtsgeschenk bekam. Perfekt war es deshalb, weil es nur jemandem wie mir gefallen konnte. Weil er es für mich ausgesucht hatte. Kein Schmuck, keine Pralinen, keine Klamotten, sondern ein pinkes Spielzeug-Äffchen, das mit den Augen blinzeln, den Kopf drehen und brabbeln konnte. Ich war glückselig. Wahrscheinlich muss man mich kennen, um das zu verstehen. Und genau deshalb war dieses Geschenk so schön: Weil er mich kannte.
Liebe ist nichts, worüber man redet, nachdenkt oder philosophiert. Liebe ist nichts, das man beteuert. Liebe ist nichts, das man sagt.
Liebe ist etwas, das du tust. Liebe zeigt sich im Handeln.
Liebe spürst du nicht durch das, was jemand dir erzählt, sondern dadurch, wie der andere sich verhält.
In der Liebe – und auch sonst im Leben – zählen die Taten.
Denn wenn die Taten gehen, bleiben nur die Worte. Und die reichen nicht.

6. bis 12. August

Der schönste Strand der Welt

Okay, ich kenne natürlich nicht jeden einzelnen Strand auf dieser großen wunderschönen Welt. Und dennoch gibt es da den einen, bei dem mein Herz schneller schlägt, wenn ich an ihn denke, bei dem sich automatisch ein glückliches Lächeln auf meinem Gesicht ausbreitet und dem ich gerne eine Liebeserklärung machen möchte: der Dünenstrand von Corralejo. Corralejo ist eine Stadt auf Fuerteventura. Südlich von Corralejo liegt der Parque Natural de las Dunas de Corralejo, eine Dünenlandschaft, die Naturschutzgebiet ist.
Dort kann man in einem der beiden Hotels absteigen, die direkt am Strand stehen (und der Schönheit dieses Fleckchens Erde zum Glück keinen Abbruch tun). Doch auch von Corralejo aus gelangt man problemlos zu den Grandes Playas, den großen Stränden. Es sind zwei Haltestellen mit dem Bus, bevor ich in der Wüste aussteige: Schaue ich nach rechts, sehe ich nichts als Sand. Ich gehe nach links, überquere die Straße und komme an dem Taxistand vorbei, an dem die spanischen Taxifahrer fröhlich beieinander stehen und sich unterhalten. Dann laufe ich über den Parkplatz. An dessen Ende angekommen, ziehe ich meine Schuhe aus. Ich stapfe durch den weißen weichen Sand und stehe am Meer. Am schönsten Strand der Welt.
Das türkisleuchtende Wasser erstreckt sich bis zum Horizont. Wo der Strand anfängt und aufhört, kann ich nicht sagen, denn wenn ich zur Seite schaue, scheinen Sand und Meer kein Ende zu nehmen.

Mich umgibt nichts als Weite. Die Dünen hinter mir, der strahlend blaue Himmel über mir, das glasklare Wasser vor mir. Meine Füße im Sand. In einiger Entfernung ragt die Isla de lobos, die Insel der Wölfe aus dem Meer. Die Wellen rollen sanft heran. Die Sonne scheint. Der Wind weht. Das Leben könnte nicht wundervoller sein.

Egal, ob man sich normalerweise ins Meer stürzt oder nicht: Hier muss man es tun. Bikini anziehen, Tasche und Handtuch im Sand parken, ins Wasser eintauchen. Es ist flach und ich kann ziemlich weit ins Meer gehen und immer noch stehen. Auch als Erwachsener möchte man hier nichts als planschen, durchs Wasser tollen, sich treiben lassen, herumhüpfen.

Das Tollste sind die Wellen: Sie rollen heran, meist eher ein wenig bedächtig als stürmisch. Bevor sie auf den Strand treffen, nehmen sie Fahrt auf und schwappen mit Schwung an Land.

Deshalb steht auf meiner Liste der zehn schönsten Dinge, die man im Leben tun kann, nun Folgendes: Hier auf Fuerteventura im Meer stehen, gucken, wo die nächste Welle kommt, sich von ihr hochheben und ein Stückchen weiter Richtung Strand tragen lassen. Ohne Wucht, aber mit Schwung. Das macht solchen Spaß. Das ist ein Stück Glückseligkeit.

13. bis 19. August

Haben oder Erleben?

Sich etwas zu kaufen ist bei uns ein altbewährtes Mittel: um sich zu belohnen oder zu entschädigen, um etwas zu feiern oder sich über etwas hinwegzutrösten. Das lernen wir schon als Kind: Für die Eins in Mathe gibt es zum Beispiel den ferngesteuerten Helikopter oder ein neues Armband. Genauso wie die Großen sich gerne eine neue Handtasche, neue Sportschuhe oder ein neues Tablet zulegen, um den neuen Job zu feiern, dass ein Projekt fertig ist oder die Schwiegermutter wieder abgereist ist.
Es zieht uns ins Einkaufszentrum, wenn wir gefrustet sind, weil die Arbeit keinen Spaß macht, der Mann oder die Frau gerade nicht so nett zu uns ist, wie wir das gerne hätten oder etwas nicht so geklappt hat wie wir wollten.
Wir feiern die Beförderung mit neuen Klamotten und den Hochzeitstag mit einer Kette für sie und einer neuen Uhr für ihn.
Wir trösten uns mit der Großpackung Schokolade-Cookie-Erdbeertraum-Eis, weil er nicht angerufen hat. Oder sie uns nicht mehr sehen will.
Kurzfristig scheint uns das glücklich zu machen. Oft hängen aber auch die neuen Klamotten zwei Wochen später unbeachtet im Schrank. Die Kette hat sie einmal angehabt, dann verschwindet sie im Schmuckkästchen. Das neue Tablet ist nach zehn Tagen genauso wenig besonders wie das alte.
Ich habe mal gelesen, statt sich etwas zu kaufen, sollte man lieber etwas tun, das man gerne tut. Meine Erfahrung ist: Das macht tatsächlich glücklicher.

Nichts gegen eine neue Handtasche oder Sportschuhe oder auch den ferngesteuerten Helikopter fürs Kind. Ganz zu schweigen vom Schokolade-Cookie-Erdbeertraum-Eis. An dem komme ich, selbst wenn ich mich gerade über nichts hinwegtrösten muss, nur schwer vorbei. Aber da ist dieser Unterschied: dieser Unterschied zwischen etwas haben und etwas erleben.
Auf der Wiese im Park, mit Picknickdecke, selbstbelegten Brötchen und meinen Freunden passiert etwas ganz anderes als im Klamottenladen, in der Umkleide mit drei Kleidern, die ich anprobiere.
Der Hochzeitstag verläuft ganz anders, wenn man sich, statt Schmuck auszutauschen, den ganzen Tag Zeit füreinander nimmt; morgens zusammen beim Frühstück sitzt und mal wieder über Gott und die Welt und die Liebe redet; sich anschließend ins Auto setzt und ins Blaue fährt; abends die Musik lautdreht und beim gemeinsamen Kochen durch die Küche tanzt.
Und gerade Kinder strahlen so viel glücklicher, wenn sie mit ihrem Papa oder ihrer Mama auf Bäume klettern, zusammen Kekse backen oder im Park toben. Dieses Lachen befördert kein neues Spielzeug je so zu Tage.
Wenn ich heute Geld ausgebe, tue ich es meisten für Dinge, die ich erleben möchte: Ich bezahle das Flugticket nach Portugal, weil ich den Guincho-Strand wiedersehen, in der Strandbar „Jonas" in Estoril am Meer sitzen und auf ein Surfbrett steigen will. Ich bezahle das Cola-Bier, weil ich mit Freunden im Biergarten sitze und einen unvergesslichen Nachmittag habe. Ich bezahle die Kinokarte, um mir einen Film anzusehen, der mich daran erinnert, wie schön das Leben ist.

Das alles macht mich glücklich. So glücklich, dass ich dafür gerne auf das ein oder andere „Besitztum" verzichte.

20. bis 26. August

Unsere Geschichten

Am Anfang der Geschichte mit einem anderen Menschen steht meistens etwas, das wir an ihm oder ihr toll finden, das uns sympathisch erscheint oder uns fasziniert.
Mein Teenie-Ich wurde beim Kennenlern-Treffen für die Ferienfreizeit nach Assisi auf Peter aufmerksam, als der in der Vorstellungsrunde nach dem Fläschchen Meditonsin griff. – Dazu muss ich sagen, dass in der Mitte verschiedene Gegenstände lagen und wir uns, wenn wir uns vorstellten, einen davon nehmen sollten, der uns besonders ins Auge fiel. – Peter nahm also das Fläschchen Meditonsin, sagte, wie er hieß und erklärte: „Ich habe die Flasche Meditonsin genommen, weil... es Meditonsin ist." Mit einem frechen, leicht spöttischen Grinsen, das mich dazu brachte, ebenfalls zu grinsen.
Theresa und ich saßen im Englisch-Leistungskurs nebeneinander und verstanden uns von Woche zu Woche immer besser.
Meine Mama und ich sind uns in vielem ähnlich und haben einen Wahnsinns-Draht zueinander.
Doch das ist nur der Anfang der Geschichte. Wäre es dabei geblieben, würde ich jetzt nicht hier sitzen und euch etwas von Peter, Theresa und meiner Mama erzählen.
Auf der Ferienfreizeit in Assisi saßen Peter und ich während eines Musicals in San Francisco nebeneinander und unterhielten uns anschließend darüber, wie wichtig es jedem von uns ist, auch mal für sich selbst zu sein. Unsere Gespräche über Gott und die Welt

rissen die ganze Woche nicht ab. Beim Essen probierte er den Weißwein aus meinem, und ich den Rotwein aus seinem Glas.

Theresa wartete nach ihrer mündlichen Abi-Prüfung auf mich, bis auch meine fertig war. Anschließend gingen wir zu ihr nach Hause, aßen Pizza, feierten und sahen uns abends im Kino den neuesten Kalkofe-Film an. Im Sommer nach dem Abi fuhren wir mit noch drei unserer Freunde eine Woche an die Ostsee.

Meine Mama ging vor dem Abiball einen Vormittag mit mir in die Stadt. Wir frühstückten und suchten zusammen dieses coole schwarze Kleid aus, das heute noch bei mir im Schrank hängt, und in dem ich auf dem Abiball mein Zeugnis in Empfang nahm. Frankreich, Schweden, Holland, Spanien, Irland und Portugal habe ich mir in den Jahren, die seitdem vergangen sind, mit meiner Mama angesehen und dabei so viele wunderbare gemeinsame Geschichten erlebt, dass es mehr als abendfüllend wäre, sie alle zu erzählen.

Diese gemeinsamen Geschichten sind es, die unsere Verbindung zu einem anderen Menschen bedeutsam machen. Das, was wir zusammen erleben, bleibt für immer bei uns.

Dass ich heute noch hin und wieder mit einem Lächeln an Peter denke, liegt nicht an der Flasche Meditonsin, mit der er meine Aufmerksamkeit weckte. Es liegt an unseren magischen Gesprächen und unseren Insider-Gags in Assisi.

Theresa war nicht jahrelang meine beste Freundin, weil wir uns im Englisch-Kurs gut verstanden. Wir waren beste Freundinnen, weil wir lange Zeit jedes Wochenende etwas gemeinsam unternahmen, über alles reden konnten, uns nach „Findet Nemo" noch tagelang kaputtlachten, wenn wir Dory nachmachten und unser Abi gemeinsam feierten.

Meine Mama ist nicht einfach deshalb ein so wichtiger Mensch in meinem Leben, weil wir uns ähnlich sind. Sie ist es deshalb, weil wir auf Reisen zusammen so unglaublich schöne Tage erleben, dass ich es kaum beschreiben kann, weil wir Lieder mit Monschtrillchen singen (ich verzichte an dieser Stelle ausnahmsweise darauf, das näher zu erklären 😊) und unsere Unterhaltungen Tiefgang haben.

Unsere Geschichten sind das, was uns verbindet. Deshalb lasst uns möglichst viele gemeinsame Geschichten erleben.

27. August bis 2. September

Was passiert, wenn ich das lustigste Essen im Supermarkt kaufe?

Es ist Samstagnachmittag. Und Zeit, mal wieder etwas Lustiges zu unternehmen, finden meine beste Freundin und ich.
Wir haben die Idee, im Supermarkt das lustigste, exotischste, interessanteste, ungewöhnlichste Essen zu kaufen, das wir sehen – und zuhause natürlich auch zu probieren.
Zu dieser Idee gesellt sich gleich noch eine zweite: Wir nutzen die Gelegenheit, um einen großen Supermarkt am anderen Ende der Stadt kennenzulernen, in dem wir beide noch nie waren.
Dort angekommen staunen wir Bauklötze, was es hier alles gibt. In unserem „normalen" Supermarkt, in dem wir wöchentlich einkaufen, nehmen wir das Bier mit Pink-Grapefruit-Limonade und die Backmischung für den babyblauen Meerjungfrau-Kuchen mit weißleuchtenden Dekorperlen gar nicht mehr wahr. – Hier laufen wir wie die Kinder durch die Gänge und kriegen den Mund vor Verblüffung kaum zu.
Das lustigste Essen beschließen wir dann in der Obstabteilung zu suchen (auch wenn der Meerjungfrau-Kuchen allein wegen seiner schillernden Farbgebung schon äußerst exotisch wäre). Zuerst stoßen wir auf eine Drachenfrucht, entscheiden uns aber angesichts des stolzen Preises von fünf Euro, sie dazulassen. Als nächstes schauen wir uns die Kumquats an. Doch direkt über den Kumquats liegt sie: die Box mit den vier Rambutan aus Vietnam. Oder ist die Mehrzahl Rambutans? – Also der Name und das fehlende Wis-

sen über die richtige Pluralbildung sind schon mal spannend. Und dann das Aussehen dieser Frucht: die Rambutan ist rotorange und hat viele dunkelrote Stacheln an ihrer Schale. Die nehmen wir!
Zuhause schauen wir im Internet nach, wie man diese Dinger denn nun eigentlich isst, und lesen: Man schneidet vorsichtig die Schale auf, holt die Frucht heraus und entfernt noch den Kern, der innendrin ist.
Wir versuchen es: Die Stacheln der Rambutan sind ganz weich. Mit dem Messer schneiden wir die Schale ein, bis es auf die Frucht trifft. Ähnlich wie bei einer Kastanie lässt sich die Schale öffnen und die Rambutan wie ein Ei herauspellen. Auch die Frucht schneiden wir ein Stück auf und entfernen noch den Kern.
Dann probieren wir und... es schmeckt lecker! Fruchtig, süß und ein bisschen nach Wein.
Falls ihr euch jetzt fragt, warum ich euch hier so hautnah von dieser Supermarkt-Expedition und dem, was anschließend in der Küche vor sich ging, erzähle: Weil solche Aktionen richtig, richtig Spaß machen. Sie lockern auf, sie unterbrechen die gewohnte Routine und verführen dazu, die Welt mal wieder aus einem anderen Blickwinkel zu betrachten. Ohne großen Aufwand, einfach indem ich in einen mir noch unbekannten Supermarkt marschiere und ein mir noch unbekanntes Essen aussuche und probiere.
Auf diese Weise kann ich jederzeit ein kleines Abenteuer erleben, wenn ich eins brauche. Und das macht glücklich.

3. bis 9. September

Lichtexplosionen

Paulo Coelho schreibt in einem seiner Bücher, dass man, wenn das, was man gefunden hat, echt ist, jederzeit zurückkehren kann. Und wenn nicht, so hat man doch zumindest eine Lichtexplosion erlebt, und das hat sich bereits gelohnt.
Ich habe nichts gegen Lichtexplosionen. Nicht alles muss für die Ewigkeit sein. Es gibt Feuerwerke, die verglühen und was bleibt, ist eine Erinnerung, die mich – im besten Fall – auch zwei Jahre später noch zum Lächeln bringt.
Was mich aber beschäftigt, ist die Frage danach, ob etwas echt ist. Wenn es echt ist, kann ich jederzeit zurückkehren. Wenn es unecht ist, nicht. Wie viel Unechtes ist gut? Ab welchem Punkt macht es mich traurig, wenn heute Abend am schwarzen Nachthimmel Raketen in glitzernde Strahlen explodieren, wenn sie aufleuchten in Rot und Pink, in hellem Blau und glühendem Orange… und morgen bleibt davon nichts übrig?
Ich glaube, wenn es um einen anderen Menschen geht, wünschen sich die meisten von uns, dass das, was sie finden, echt ist. Ich zumindest empfinde so.
Ich möchte nicht das Strohfeuer, dass eine kleine Weile bis zum Himmel lodert und wenn es verlischt, ist es weg.
Ich will nicht den einen magischen Abend, an dem die Erde aufhört, sich zu drehen, die Sterne am Himmel heller leuchten, ich mich in jemandes verzückten Blicks verliere – und ohne Sternenhimmel den Zauber kurz darauf nicht mehr finden kann.

Ich möchte nicht eine Etappe meines Lebens mit jemand anderem zurücklegen, sondern den Weg zusammen gehen. Am liebsten den ganzen, wenn wir Glück haben.
Das wäre dann ein Mann, zu dem ich zurückkehren kann, auch wenn ich mal woanders sein sollte. Der mir etwas bedeutet und ich ihm, nicht nur eben gerade im Moment, sondern auch in einer Stunde, zwei Tagen, in vier Wochen oder nächstes Jahr. Weil wir etwas haben, das echt ist.
Ein Mann, der mich die Welt durchstreifen lässt, ohne dass ich je befürchten müsste, bei meiner Rückkehr ist er nicht mehr da. Im Gegenteil: Er steht mit leuchtenden Augen am Flughafen.
Ein Mann, der zu einer Abenteuertour nach Huahine aufbricht und den ich nach seiner Heimreise fast umschmeiße, weil ich ihn so überschwänglich in meine Arme schließe.
Ein Mann, mit dem ich mich schließlich dazu entscheide, zusammen die Welt zu bereisen und zu bestaunen.
– Und selbst ohne gemeinschaftlich vom Reise-Virus infiziert zu sein: Sich das erste Lächeln des Tages zu schenken, und zwar jeden Tag aufs Neue; über alles zu reden, nicht nur als noch der Zauber des Anfangs währte, sondern auch nach viereinhalb Jahren; auf eigenen Wegen wandeln zu können, in der sicheren Gewissheit, dass dein und mein Weg sich immer wieder kreuzen; ein sanftes, nicht abreißendes Leuchten, wie ein Glühwürmchen, das durch die Dunkelheit schwebt.
Das klingt in meinen Ohren so viel verlockender als die große Lichtexplosion, zu der morgen kein Weg mehr zurückführt.

10. bis 16. September

Ein Sonntag in Irland

Als ich im August in Irland war, verbrachte ich einen halben Sonntag auf dem Markt im People's Park von Dun Laoghaire, der dort jede Woche stattfindet.
Dort gibt es einen Stand mit Büchern, handgemachte Seife, und vor allem zu essen, was das Herz begehrt: Steakbrötchen, Pizza, Tomate-Schafskäse-Tartes, und noch vieles mehr.
Neben dem leckeren Essen fiel mir vor allem die Atmosphäre auf, die dort herrschte: Entspannt, fröhlich und lebendig.
Die Leute saßen im Gras, unterhielten sich, spielten mit ihren Kindern. Es wurde gelacht, Freunde trafen sich, eine Ukulele-Band machte Musik. Es war nahezu unbeschreiblich schön. Ich fühlte mich richtig wohl, es machte solchen Spaß, Teil des Geschehens zu sein und zu sehen, wie die Menschen ihren Sonntag genossen.
Niemand rempelte mich an, obwohl es sehr voll war. Niemand war hektisch oder hatte es eilig. Niemand schaute sonderlich verkniffen.
Nachdem ich auf dem Markt gewesen war, ging ich zum Pier und ans Meer. Auch hier bot sich ein ähnliches Bild: Familien gingen entspannt mit ihren Kindern spazieren. Paare liefen Hand in Hand den Pier entlang und unterhielten sich. Leute saßen auf den Bänken und schauten zufrieden aufs Meer.
Schon an diesem Tag selbst wurde mir klar: Mein Gott, wird dir das fehlen.

Seit ich zurück bin, sehe ich es noch deutlicher: So müssten Sonntage eigentlich sein. So entspannt, fröhlich und voller Leben wie in Irland.

17. bis 23. September

Fließendes Wasser

Es scheint, als sei ein glückliches Leben eine komplizierte Angelegenheit. So viel gilt es abzuarbeiten und zu erreichen, bevor wir uns zurücklehnen und sagen können: „Was für ein Glück ich doch habe."
Arbeiten wir schon in unserem Traumberuf? Mit der entsprechenden Bezahlung? Ist uns schon der Märchenprinz begegnet? Oder die Prinzessin? Haben wir schon das Schloss (also das Haus, in dem wir gemeinschaftlich residieren) gebaut und eingerichtet? Haben wir die Kinder gekriegt, die unser Leben bereichern? Haben wir genug Geld, um in dieser verführerischen, bunt-glitzernden Konsumwelt mitspielen zu können? Hängt die neueste Handtasche an unserem Arm? Steht das teure, bequeme Auto vor unserer Tür? Bekommen wir genug Anerkennung von den Menschen, die um uns herum sind?
Fügen sich all diese Puzzleteilchen schon zu dem Gesamtbild eines glücklichen Lebens zusammen?
Manchmal unterbreche ich diesen Gedankenstrom und schaue mir die für mich selbstverständlichen Dinge an: Ich stelle mich morgens unter die Dusche und aus dem Duschkopf fließt ein Schwall angenehm warmes Wasser. Ich stelle die Kaffeemaschine an und sitze kurz darauf vor einer Tasse duftenden, dampfenden Kaffees. Ich kann mir zu essen kochen, worauf immer ich Lust habe. Ich falle abends in mein gemütliches, kuscheliges Bett.
Und ich nehme wieder einmal zur Kenntnis, dass bereits fließendes Wasser und leckeres Essen längst

nicht für jeden Menschen auf dieser Welt etwas Gesichertes ist.
Ich kann in Buchläden gehen und meine Wochenenden damit verbringen, Bücher zu lesen, die mich entzücken. Ich kann Zeit verbringen mit den Menschen, die mir etwas bedeuten und mit denen ich zusammen sein möchte. Ich kann rausgehen, mir die Sonne ins Gesicht scheinen und den Wind um die Nase wehen lassen. Ich kann mich vor den Fernseher setzen und mich von einer Reportage nach Botswana entführen lassen. Ich kann mich entschließen, meine Kröten so lange zusammen zu halten, bis ich in einem Flieger ans Meer sitze.
Ich kann entscheiden, dass mir jeden Tag hundert Gründe begegnen, mich begünstigt zu fühlen: Das warme Wasser aus der Dusche, der Kaffee, die freudige Unterhaltung mit einem anderen Menschen, die rote Jeans, die ich anhabe, der blaue Himmel, das Brötchen mit Tomate und Mozzarella, die Vögel, die zwitschern, die Sonne, die scheint, der Fremde, der mich anlächelt, der Song, den sie im Radio spielen, die Nachricht, die mir jemand schreibt, die Spagetti mit Tomatensoße, das Buch, das ich so gerne lese, meine gemütliche Couch, das leckere Glas Wein, der spannende Film, das prickelnde Telefongespräch, meine Kreativität, mein kuscheliges Bett, der Sternenhimmel,…
Und dann sehe ich:
Alles, was ich brauche, um glücklich zu sein, ist längst schon da. Die Frage ist nur noch, ob ich ihm Beachtung schenke oder nicht.

24. bis 30. September

Nehmt euch Zeit

Die guten Dinge brauchen Zeit.
Das gilt für die Glanzstücke, die wir in unserem Leben vielleicht gerne entstehen lassen würden: die Trainingseinheiten, mit denen wir uns auf einen Marathon vorbereiten. Den Roman, den wir darüber schreiben möchten, wie schön das Leben mit Liebe, Zugehörigkeit und Begeisterung sein kann. Das Bild, das wir von diesem unvergesslichen Sonnenuntergang malen wollen, den wir in Italien gesehen haben.
Und das gilt auch für die Menschen, die in unserem Leben von Bedeutung sind.
Am Anfang brauchen wir Zeit, um uns tatsächlich kennenzulernen. Kennt ihr das? Die Männer – oder Frauen –, die am enthusiastischsten in unser Leben schneien, sind oft die, die auch am schnellsten wieder fort sind. Der Mann, der bereits nach ein paar Wochen überlegte, ob ich nicht mit ihm, seinen Eltern, Onkeln, Tanten und Großeltern Weihnachten feiern könnte, war derjenige, mit dem ich gar nicht bis Weihnachten zusammen war, weil er bei der ersten Meinungsverschiedenheit keine Lust mehr hatte. Meine Freundin, die so dringend heiraten will, findet genauso schnell einen Grund, warum ihr Auserwählter doch nicht zu ihr passt.
Mehrere Jahre war ich dann mit dem Mann zusammen, mit dem ich schon viel Zeit verbracht hatte, bevor wir zusammen Weihnachten feierten oder gemeinsam in den Urlaub fuhren.
Genauso wie meine langjährigen Freundschaften schrittweise anfingen: Wir trafen uns einmal im Mo-

nat, dann zweimal. Einige Zeit verging, bevor wir schließlich jedes Wochenende überlegten, etwas zusammen zu unternehmen. Oder bevor wir uns erzählten, wovon wir träumen und was unser Leben wirklich ausmacht.

Kennen wir unsere Freunde oder unseren Mann / unsere Frau gut, brauchen wir Zeit, um das, was wir miteinander teilen, zu pflegen und weiterzuentwickeln.

Ich mag meine beste Freundin seit Jahren kennen. Doch wenn ich plötzlich zu beschäftigt bin, um sie zu treffen, wird sich das auswirken. Eine Freundschaft wird nicht dadurch zum Selbstläufer, dass sie schon mehrere Jahre besteht. Wenn ich mich nicht mehr um sie kümmere, geht sie in die Brüche. Denn was sie zusammenhält ist, gemeinsam zu lachen, sich dafür zu interessieren, wie es dem anderen geht, sich zu erzählen, was wichtig ist. Und dafür brauchen wir Zeit.

Genauso wie für unsere Beziehung, und zwar ganz egal, wie lange es sie schon gibt. Wir können 30 Jahre verheiratet sein. Das schützt uns nicht davor, dass eines Tages die Scheidungspapiere ins Haus flattern, wenn wir dem Menschen, der einer der wichtigsten sein sollte, keine Aufmerksamkeit mehr geschenkt haben. Das, was eine Beziehung zusammenhält ist, dass wir uns auch nach Jahrzehnten noch in den Arm nehmen, küssen, wissen wollen, wie der Tag des anderen gelaufen ist, kitzeln, flachsen, uns überraschen, zusammen lachen, zusammen weinen, zusammen das Leben genießen.

Am längsten bleiben uns die Dinge erhalten, für die wir uns kontinuierlich Zeit nehmen.

Und am längsten bleiben die Menschen in unserem Leben, für die wir nie aufgehört haben, uns Zeit zu nehmen.

1. bis 7. Oktober

Manchmal dauert es nur etwas länger

Ich weiß noch, wie ich mit 15 Bücher über Indien, Südafrika und Chile verschlang. Einmal, nur ein einziges Mal im Leben wollte ich in ein Land außerhalb Europas reisen. Davon träumte ich jahrelang. Und jahrelang ging dieser Wunsch nicht in Erfüllung. Mit 15, 16 und 17 machte ich meine Mama teilweise wahnsinnig mit dieser Idee, die sie – wo ich noch nicht mal volljährig war – nicht gerade in Begeisterung versetzte. Dann machte ich Abi und fand mich gleich danach statt in der weiten Welt im Hörsaal wieder. Es ergab sich nicht, es passte nicht, es wollte einfach nicht klappen. Aufgehört, davon zu träumen, habe ich trotzdem nicht. Irgendwann war ich dann 22, und hatte einen Freund, dessen Onkel nach Peru ausgewandert war. Den könnten wir doch besuchen, schlug ich vor. Wenig später saß ich im Tropeninstitut wegen einer Gelbfieber-Impfung und packte Malaria-Prophylaxe in meinen Backpacker-Rucksack. Mit 22 wurde er aus heiterem Himmel wahr, der Traum, einen völlig anderen Winkel dieser Erde kennenzulernen. Ich aß Ceviche in Trujillo, schwamm in Zorritos im Pazifik, erkundete Machu Picchu und staunte über den Sternenhimmel im Colca Canyon. Sieben Jahre, nachdem ich angefangen hatte, von der großen weiten Welt zu träumen.

Das ganz große Fernweh gestillt, wollte ich das Reisen anschließend dennoch nicht an den Nagel hängen. Auch im Umkreis von zwei oder drei Flugstunden gibt es so viel zu entdecken. Da wollte ich gerne hin, nach Portugal und Spanien, Sardinien, Paris oder Irland.

Und zwar am liebsten mit jemandem, der meine Art zu reisen teilte. Ich fuhr weg, mit dem jeweils aktuellen Mann oder einer Freundin... und fand es immer anstrengend. Der aktuelle Mann war in ganzen fünf Tagen in Paris nicht bereit, sich auch nur ein einziges Mal mit mir ins Café zu setzen: Auf keinen Fall würde er die überteuerten Preise für einen Cappuccino in Frankreichs Hauptstadt bezahlen. Selbst, dass ich ihn einladen würde, lehnte er ab. Die Freundin packte in eine Woche Prag ein Programm, das meine To-Do-Liste zuhause um ein Vielfaches toppte, und jede entspannte Urlaubsstimmung in Stress verwandelte. So genoss ich es zwar, etwas von der Welt zu sehen, wünschte mir aber nichts sehnlicher als einen Menschen, mit dem ich all das auf meine Art erleben konnte. Auch hier vergingen ein paar Jahre, bis ich mit 29 das erste Mal mit meiner Mama wegflog. (Ja richtig, der ich mit 16 noch mit meinem Fernweh auf den Keks gegangen war.) Wir brauchten kaum ein paar Tage, um festzustellen: Wir haben beide eine extrem ähnliche Vorstellung davon, wie eine tolle Reise aussehen soll. Wir wollen entspannt das tun, wozu wir morgens beim Aufwachen Lust haben, mal völlig im Hier und Jetzt leben, und beim Kaffee nicht überlegen, ob er zuhause vielleicht einen Euro günstiger wäre. Seitdem habe ich sie unverhofft gefunden: meine Lieblings-Reise-Menschin, mit der ich in Portugal, Spanien oder Irland immer ich selbst sein kann. Genauso, wie ich mir mit 15 und 16 nicht vorstellen konnte, dass es mal einen Typen für mich gäbe, in den ich mich verliebe; bis dann mit 17 der Blitz einschlug. Genauso, wie ich lange dachte, es existiert nichts, das mir ein bisschen mehr Gelassenheit verschafft; bis ich bei einem Frauen-Wochenende, zu dem ich wegen des

Tanz-Workshops ging, nebenbei noch Yin Yoga kennenlernte.

Daran denke ich, wenn ich heute auf die Träume schaue, die sich noch nicht erfüllt haben. Wenn die Zeit, die verstreicht, mich zweifeln lässt, ob es jemals so weit sein wird, erinnere ich mich daran, dass ich lange darauf gewartet habe, nach Peru zu fliegen. Oder mit einem besonderen Menschen die Welt entdecken zu können. Mich richtig zu verlieben. Meinen Zugang zu mehr Gelassenheit zu finden.

Wie all das letztendlich doch noch funktioniert hat, weiß ich gar nicht. Ich weiß nur, dass ich diese Träume nie aus meinem Herzen gestrichen habe. Und irgendwann ist es dann einfach so passiert.

Das ist der Grund, wieso ich glaube, dass die Dinge, die wir uns von Herzen wünschen – von denen nicht nur unser Kopf denkt, wir bräuchten sie – früher oder später wahr werden. Es dauert vielleicht länger, als wir gehofft hätten. Doch wenn wir mit dem Herzen bei unseren Träumen bleiben, kommt der Tag, an dem wir sie erleben.

8. bis 14. Oktober

Das Meer

Wenn ich auf Reisen gehe, zieht es mich immer wieder ans Meer. Kein Städtetrip, keine Ferien in den Bergen sind für mich auch nur halb so schön wie Urlaub am Meer.
Warum das so ist? Das ist schwer in Worte zu fassen, da es viel mit einem bestimmten (Lebens-)Gefühl zu tun hat, mit Eindrücken, die sich unter der Oberfläche abspielen. Ich möchte trotzdem versuchen, es zu beschreiben.
Das Meer rückt vieles ins rechte Licht. Ich erinnere mich, als wäre es gestern gewesen, an einen Nachmittag im Oktober vor ein paar Jahren. Ich war für eine Woche in Portugal. Das war genau die Woche, in der in Deutschland der erste Schnee des Winters (wenn man im Oktober schon von Winter sprechen mag) fiel. In Portugal dagegen hatte es 30 Grad und die Sonne schien. An besagtem Nachmittag schnappte ich mir meinen Bikini und wagte mich in die Wellen des Atlantiks. An richtiges Schwimmen war weniger zu denken, weil die Wellen an diesem Tag ziemlich hoch waren. Doch es machte auch mehr Spaß, am Strand entlang zu hüpfen und auf die nächste Welle zu warten, mit der ich bis zum Kinn im Meer versank. Mehr brauchte es nicht. Nur die Sonne, den blauen Himmel, die Wellen und das Salzwasser auf meiner Haut. Und genau das schoss mir auch durch den Kopf: „Mehr braucht es nicht." In diesem Moment konnte ich spüren, wie abwegig unser Konsumwahn ist, dass ich Kinobesuche und Cocktails, schicke Klamotten oder

neues Technikspielzeug mit Freuden gegen mehr von diesen Nachmittagen am Atlantik eintauschen würde.
Ich habe anschließend nicht aufgehört, ins Kino zu gehen oder am Samstagabend mal einen Cocktail zu trinken. Aber ich denke gerne an diesen Nachmittag zurück, um mich daran zu erinnern, was wahre Bedeutung besitzt und was mich tiefgreifend glücklich macht.
Das Meer vermittelt mir auch, was Freiheit bedeutet. Diese Weite, die entsteht, wenn ich bis zum Horizont blicken kann, wenn nichts mehr da ist, das mich einengt, schenkt mir gleichzeitig ein Gefühl von innerer Weite. Dann ist es, als würde ich in einen Spiegel im Außen sehen, der mir plötzlich zeigt, wie mein Innenleben aussieht: unbeschränkt und voller Möglichkeiten. Mir fällt wieder ein, dass oft viel mehr geht, als wir glauben. Dass ich meine inneren Räume, meine Träume und Ideen nicht zensieren sollte, sondern sie lieber weit werden lassen sollte wie das Meer.
Ein Bekannter von mir postete mal auf Facebook: „Es ist nicht Wasser mit Zucker, das beruhigt, sondern Wasser mit Salz."
Und auch das stimmt für mich: Das Meer beruhigt. Ich weiß nicht, ob es ein besseres Heilmittel gegen Stress und Unruhe und Aufgewühlt-Sein gibt als das Kommen und Gehen der Wellen, die Brise, die vom Meer weht, und barfuß durch den Sand am Strand zu laufen.
Und deshalb muss ich im Urlaub ans Meer. Um all das zu erleben.

15. bis 21. Oktober

Jeden Tag

Liebe ist etwas Wunderschönes und Großartiges. Ich glaube, die Frage, wie viel Raum wir der Liebe in unserem Leben geben, hat einen entscheidenden Einfluss auf unser Wohlbefinden und unser Glück.
Liebe ist nicht das Cabrio, auf das wir jahrelang sparen, oder die Reise nach Hawaii, die wir nur einmal im Leben machen. Liebe ist zu jeder Zeit an jedem Tag möglich. Denn Liebe besteht nicht in der Hochzeit, die wir – im Idealfall – nur einmal im Leben feiern. Sie besteht nicht aus den zwei Wochen Sommerurlaub, der das Highlight schlechthin ist. Sie besteht nicht aus dem Sonntagabend, an dem wir endlich mal zwei Stunden für uns haben.
Wenn wir so denken, werden wir in unserem Leben nicht viel Liebe erleben. Die Hochzeit ist ein einziger Tag unter tausend anderen. 50 weitere Wochen stehen den beiden Wochen Sommerurlaub gegenüber. Der Sonntagabend ist nur einer aus sieben Abenden pro Woche.
Liebe sind für mich weniger die seltenen, besonderen Ereignisse, sondern die unendlich vielen alltäglichen, kleinen Dinge. Liebe ist der Zettel, den du für mich an den Kühlschrank klebst, auf dem steht: Ich liebe dich. Hab einen schönen Tag. Liebe ist der Montagabend, an dem wir spontan ins Kino gehen, weil dieser tolle Film läuft. Liebe ist, dass wir uns zuhören, anstatt am Handy zu hängen. Liebe ist, an einem stinknormalen Tag die Musik aufzudrehen, durch die Küche zu tanzen und etwas Leckeres zusammen zu kochen. Liebe ist, dem anderen mal seine Lieblingsschokolade mit-

zubringen. Denn das ist das, was uns trägt. Es ist schwer möglich, die nächsten 30 Jahre ausschließlich von den Erinnerungen an eine Märchenhochzeit zu leben. Es wird mir wohl nicht gelingen, im Januar immer noch glücklich zu sein, weil der Urlaub im August so schön war. Doch die Kleinigkeiten, mit denen wir uns jeden Tag ein Stück Liebe schenken – die tragen uns das ganze Jahr.

Genauso wie es nicht dieser eine Abend vor fünfzehn Monaten ist, an dem wir uns ein Musical angesehen haben, der meine beste Freundin und mich verbindet. Wir spüren, dass wir uns wichtig sind wegen der Mails, die wir uns fast täglich schreiben, der Spaziergänge im Park, die wir jedes Wochenende machen können, und den entspannten Abenden bei einem von uns zuhause, mit Pizza und einem guten Film.

Und auch was mich selbst betrifft, so ist es nicht das Rumpsteak oder die ausgefallene Klamotte, die ich mir ausnahmsweise gönne, um zu wissen, dass ich mir wichtig bin. Täglich zu versuchen, liebevoll mit mir umzugehen, zeigt, dass ich mir am Herzen liege. Meine eigene Erlaubnis, samstags nicht noch die Bude zu putzen, wenn die Woche anstrengend war, Rücksicht auf mich selbst zu nehmen, wenn mein Kopf wehtut, mich in meinen Träumen zu bestärken – daran bemisst sich die Liebe zu mir selbst.

Liebe ist nicht das Tafelsilber, das ich einmal im Jahr an Weihnachten feierlich hervorhole. Liebe ist die Tasse Kaffee am Morgen. Das Duschbad, das nach Kokosnuss duftet. Meine Lieblingsserie.

Liebe ist etwas für jeden Tag.

22. bis 28. Oktober

Nichts dauert länger, weil du es in Ruhe machst

Ich stehe an der Supermarktkasse. Es laufen viele Menschen durch den Laden. Die Schlange an der Kasse ist lang. Unruhig schaut die Verkäuferin hin und her. Dass die Schlange immer länger wird, macht sie nervös. Von Minute zu Minute zieht sie die Sachen hektischer über den Scanner. Schließlich fällt ihr das Wechselgeld, das sie einem Kunden geben möchte, aus der Hand. Die Münzen kullern über den Boden. Sie fängt an, sie aufzusammeln und entschuldigt sich wortreich.
An der Kasse gegenüber arbeitet eine Kollegin, die sich nicht aus der Ruhe bringen lässt. Konzentriert, aber ohne jede Hektik kassiert sie ab. Sie beschleunigt das Tempo nicht. Trotzdem wird die Schlange an ihrer Kasse viel schneller kleiner als hier, wo noch das Kleingeld vom Boden aufgelesen wird.
Ein Freund erzählt mir, dass er dringend ein Projekt fertig bekommen muss. Der Abgabetermin raubt ihm schon den Schlaf. Er kommt einfach nicht vom Fleck, obwohl er sich doch täglich unter Hochdruck an die Arbeit macht. In all dem Stress verzettelt er sich. Fast ein bisschen verärgert sagt er dann, dass es einen Kollegen im Büro gibt, der nie Schwierigkeiten mit den Abgabeterminen hat – und dass obwohl dieser Kollege morgens, wenn er ins Büro kommt, erst mal in Ruhe einen Kaffee trinkt, sich gemächlich an seinem Schreibtisch niederlässt und ganz ohne Anspannung an die Arbeit geht. Rückt ein Abgabetermin näher,

bittet er darum, nur in Notfällen gestört zu werden und stellt sein Telefon den Vormittag über auf lautlos.

Ich selbst stelle immer wieder fest, dass Tage, an denen ich loslege mit „Ach du heilige Sch***, ich muss heute dreihundertvierundneunzig Dinge erledigen und sollte mich besser beeilen", die mit Abstand unproduktivsten Tage sind. Aufgeregt und ungeduldig handle ich an solchen Tagen in Windeseile die Dinge ab, die gerade zwingend sind. Drei Stunden später bemerke ich meistens, dass es nur neunundachtzig Sachen waren, die heute tatsächlich keinen Aufschub geduldet haben; dass die jetzt auch schon erledigt sind; und zwar genauso wie ich, die ich jetzt alle bin und heute nicht mehr viel Weiteres auf die Kette bekomme.

Ermüdet von solchen Szenarien erwische ich hin und wieder einen Tag, an dem auch dreihundertvierundneunzig Dinge zu tun sind, an dem ich es aber schaffe, mit einer anderen Einstellung anzufangen. Einer Einstellung, die da heißt: Nichts dauert länger, weil du es in Ruhe machst. Du hast genug Zeit. Du brauchst dich nicht zu hetzen.

Dann erledige ich die Sachen in einem normalen – manche würden vielleicht sogar sagen langsamen – Tempo. Mit ein bisschen Muse, ohne beschleunigte Atmung, ohne verspannten Nacken. Zweieinhalb Stunden später kann ich nicht nur die neunundachtzig unvermeidlichen Posten von der Liste streichen, sondern bin auch immer noch voller Elan für alles, was ich noch angehen könnte.

Wisst ihr, es ist nicht wahr, dass Hektik und sich beeilen dafür sorgen, dass alles schneller geht. Die Dinge dauern nicht länger, weil wir sie in Ruhe machen. Das Gegenteil ist wahr: Hektik verzögert das Ganze noch zusätzlich. Und Gelassenheit ist das Wundermittel, das es uns ermöglicht, auch mal schneller fertig zu werden.

29. Oktober bis 4. November

Wo die Kondore ihre Kreise ziehen

Um sechs Uhr morgens färben sich die Berggipfel rosa und die Sonne taucht den Colca Canyon in ein sanftes Licht. Wer zu dieser Schlucht in Peru reist, erlebt Außergewöhnliches: Das Braun der steilen Hänge wechselt sich ab mit grünen Terrassen und Maisfeldern, der Colca-Fluss zieht glitzernd seine Bahnen durch den Canyon, ein Wasserfall rauscht von einem der Berghänge. Die Kondore, die in den Morgenstunden hier entlanggleiten, ziehen die Aufmerksamkeit in ihren Bann. Gedanken an den Rest der Welt verblassen.
Es ist zehn Jahre her, dass ich das erlebt habe. Die Bilder im Kopf sind immer noch lebendig. Das ist das Tolle an außergewöhnlichen Erlebnissen: Sie verlieren kaum an Strahlkraft.
Von Arequipa aus brechen wir auf nach Chivay, um durch den Canyon zu wandern. Der Colca Canyon ist zwölfhundert Meter tief und während der Weg uns immer weiter nach unten führt, gelingt, was im Leben sonst meist nicht so gut klappt: Im Kopf wird es still. Es entsteht eine Präsenz für den gegenwärtigen Augenblick. Kopf und Herz und Bauch, die ganze Wahrnehmung ist tatsächlich dort, wo ich mich gerade befinde.
Auf dem Weg nach unten sieht man die Oase Sangalle – die man nur zu Fuß erreichen kann – schon von weitem. Es ist ein kleines Wunderwerk inmitten der steilen, felsigen Berghänge: Eine grüne Insel mit einem Pool aus Naturstein, umgeben von kleinen Häu-

sern mit Strohdächern, in denen man sein Nachtquartier beziehen kann.

In einen Pool hüpfen war selten so spektakulär, aufregend und erfrischend wie hier.

Um den Sonnenaufgang um sechs Uhr morgens zu sehen, sind wir in der Nacht bereits um zwei Uhr wieder aufgestanden und haben den Weg nach oben durch die Schlucht angetreten. Nie bin ich in Deutschland so müde und erschöpft gewesen wie an diesem Morgen, als wir endlich am oberen Rand des Colca Canyons angekommen waren; und nie war ein Sonnenaufgang in Europa so atemberaubend wie hier, mehr als zehntausend Kilometer von zuhause entfernt.

Als wir an diesem Morgen schließlich am „Cruz del Condor" standen und den Kondoren dabei zusahen, wie sie ihre Flügel ausbreiteten und sich durch die Lüfte schwangen, war endgültig klar: Dieser Tag gehört zu jenen, an die wir auch mit achtzig Jahren noch zurückdenken, während wir im Lehnstuhl auf der Veranda sitzen und feststellen, dass wir ein aufregendes, wunderschönes Leben hatten; und dass wir einzigartige Erlebnisse unser Eigen nennen können.

5 bis 11. November

Dich selbst erleben

Gemeinsam sein ist schön. Verbringen wir Zeit mit anderen, besteht die Chance, dass etwas Neues entsteht. Unser bester Freund bringt uns auf eine Idee, die wir bisher noch gar nicht hatten. Unsere Kollegin weiß, welche verschiedenen Möglichkeiten es gibt, ein Projekt anzupacken. Ein Abend mit den Mädels heitert mich auf, wenn ich gerade Gefahr laufe, Trübsal zu blasen. Und das ist toll.
Andere zu erleben kann bereichernd und spannend sein. Sind wir verliebt, ist das Funkeln in seinen braunen Augen schlagartig das interessanteste Thema der Welt. Es gibt nichts Schöneres als herauszufinden, was sie zum Lachen bringt. Zu hören, was er von seinen Reisen nach Südamerika zu erzählen hat, lässt das Herz höher schlagen. Die beste Freundin, die wunderbarerweise nie um eine Antwort verlegen ist, ist eine Inspirationsquelle für die eigene Schlagfertigkeit. Mit dem Kumpel um die Häuser zu ziehen, der mit seinem Charme jede Frau aus der Reserve lockt, ist hochgradig faszinierend.
Es ist schön, einen anderen Menschen zu erleben. Und es ist wunderbar, sich selbst zu erleben.
Bei aller Faszination für Menschen um uns herum, mit Schmetterlingen im Bauch, einer Wagenladung Zuneigung für unsere besten Freunde und aller Neugier, was andere in ihrem Leben so anstellen – sollten wir nicht vergessen, auch uns selbst zu erleben. Unsere Facetten. Unsere Farben. Unsere Besonderheiten und unsere Einzigartigkeit.

Worin die eigene Faszination besteht, kriegen wir raus, wenn wir uns selbst Beachtung schenken. Ich weiß noch, wie ich mit 15 zum ersten Mal am Meer stand und die Augen nicht abwenden konnte von der Sonne, die auf den Wellen glitzerte und dem blauen Wasser, das sich bis zum Horizont erstreckte. Interessiert stellte ich fest, wie von jetzt auf sofort die Liebe zum Meer erwachte. – Sie ist bis heute geblieben.
Wenn ich Texte lese, die ich vor einigen Monaten geschrieben habe, freue ich mich gelegentlich selbst über meine eigene Klarheit; darüber, dass ich Dinge auf den Punkt bringen kann.
Was auf Fuerteventura mit dem Kauf eines leuchtendgelben Rocks begann, der vorne mithilfe von fünf großen braunschwarzen Knöpfen zugemacht wird, setzt sich munter in meinem Kleiderschrank fort: das schwarze Top mit den Alpakas drauf, die knallrote Hose, der strahlendblaue Pulli, auf dem groß geschrieben steht „TODAY IT'S YOUR DAY" – irgendwann stellte ich fest, dass ich bunte, originelle Klamotten viel lieber mag als unauffälliges Dunkelblau, Schwarz und Weiß.
Ich sehe mir zu, nach welchen Büchern ich im Buchladen greife, welche Musik bewirkt, dass ich durch die Küche tanze; ich stelle fest, dass ich ein Mensch bin, der gerne zu lauter Musik durch die Küche tanzt; ich erlebe, wie mich Schreiben, Tanzen und Sich-die-Welt-Angucken in riesengroße Begeisterung versetzt – und ich finde das spannend. Es fasziniert mich, wer ich wirklich bin.
Und ich denke, das kommt auch allen anderen zugute. Jeder Mensch, der sich selbst erlebt, sich mit sich befasst, seine Facetten und sich selbst zum Vorschein bringt, tut auch allen anderen einen riesigen Gefallen:

Weil jeder Mensch diese Welt besser und schöner macht, der er selbst ist, mit Begeisterung das tut, was ihm entspricht, und deshalb zufrieden durchs Leben geht.

12. bis 18. November

Wer weiß?

In meinem Regal steht eine Art Schatztruhe: eine Kiste mit Postkarten, Bildern, Briefen und kleinen Andenken. Es sind Karten, die mir Freunde geschickt haben, wenn sie auf Reisen waren. Ein Foto von mir mit drei Jahren, als ich ganz stolz mein kleines, erst vor kurzem auf die Welt gekommenes Brüderchen auf dem Arm halte. Ein Brief meiner Mama, in dem sie mir etwas zu den Fragen geschrieben hat, die ich mir im Leben irgendwann gestellt habe. Die Sonnenbrille, die ich mit 17 in Assisi dabei hatte und die Peter so cool fand.
Es sind Dinge, die jeden grauen Tag sofort heller strahlen lassen und mich daran erinnern, wie schön und wertvoll das Leben in Wirklichkeit ist.
In meiner Schatzkiste befindet sich auch eine Weihnachtskarte von Steffi. Mit ihr bin ich in die Schule gegangen und als wir 18 waren, schenkte sie mir die Karte, auf der steht:

Schön Ferien wünscht dir Steffi!
PS: Danke für die lustigen Stunden in Bio mit dir. Außerdem möchte ich mich auch dafür bedanken, dass du immer für mich da warst, wenn es mir schlecht ging und mich wieder aufgebaut hast! Danke!

Ich weiß noch, dass ich damals gar nicht wusste, was ich sagen soll. Ich habe mich riesig über die Karte gefreut – schließlich liegt sie bis heute in der Schatzkiste – und gleichzeitig hatte ich gar nicht den Eindruck, dass es mir zu verdanken sein könnte, dass die

Bio-Stunden etwas erheiternder waren. Und dass ich für sie da war und sie aufgebaut habe, wenn es mal nötig war – das fand ich auch nicht so erwähnenswert oder etwas Besonderes.
Doch der Punkt ist: Wir wissen nie, was selbst vermeintliche Kleinigkeiten einem anderen Menschen bedeuten können.
Ich nehme mir ein Viertelstündchen für einen Plausch mit meiner älteren Nachbarin – und ahne nicht, dass das vielleicht ein Highlight in ihrer Woche ist.
Ich lächle den Busfahrer an, bevor ich aussteige – und weiß überhaupt nicht, dass ich gerade seinen Tag verschönert habe.
Ich höre mir das Problem eines Freundes an – und mache mir keine Vorstellung davon, dass es ihm bereits schon weitergeholfen hat, dass er es sich von der Seele reden konnte.
Aus Portugal bringe ich einer Freundin den Kirschlikör mit, den sie so gern trinkt – und erfahre nicht, dass sie fünf Tage lang gute Laune hat, weil ich an sie gedacht habe.
Genauso wie ich bis heute nicht wüsste, dass ich Steffi während unserer Schulzeit das Leben verschönert habe, hätte sie mir nicht diese Weihnachtskarte geschrieben.
Und Steffi hat wohl keinen blassen Schimmer davon, dass ich ihre Karte aufgehoben habe und mich heute noch darüber freue.
Wir sollten nie unterschätzen, was für einen großen Unterschied eine Viertelstunde unserer Zeit, ein Lächeln, ein offenes Ohr, ein Mitbringsel oder eine Weihnachtskarte für die Menschen um uns herum machen können. Wer weiß, wie lange sie sich darüber

freuen? Wer weiß, was es ihnen bedeutet? Wer weiß, welchen Effekt es auf ihr Leben hat?
Wer weiß?

19. bis 25. November

Sich wohlfühlen

Vor einiger Zeit traf ich mich am Samstagabend mit einer Bekannten. Ich freute mich darauf. Wir wollten ein Restaurant ausprobieren, das wir beide noch nicht kannten. Ich hoffte auf einen schönen entspannten Abend mit einem guten Gespräch, etwas Leckerem zu Essen und vielleicht sogar ein wenig Inspiration durch den neuen Ort und eine angeregte Unterhaltung.
Kurz zuvor war ich in Portugal gewesen. Für meine Bekannte hatte ich ein Mitbringsel dabei, eine kleine portugiesische Kachel (ein Azulejo) als Magnet, eine Büchse mit Sardinen, Tee mit Zitrone und Mandarine, und Fruchtkekse mit Himbeere. „Ach danke", murmelte sie, während wir das Restaurant betraten, und parkte das Geschenkpäckchen achtlos neben sich auf dem Tisch, an den wir uns setzten. „Stimmt, du warst ja in Portugal. Wie war es denn?", fragte sie schließlich.
„Wirklich schön, die Sonne schien, ohne dass es zu heiß war. Wir waren viel am Strand, und einen Tag in Lissabon", begann ich zu erzählen, bevor sie mich unterbrach: „Sehr schön. Ich möchte bald mal wieder nach Italien fliegen und eine Freundin dort besuchen. Mal sehen, ob das klappt, die Kohle ist ja immer ziemlich knapp. Jetzt überlegt mein Mann auch noch, ob er nicht lieber einen anderen Job hätte, kannst du dir das vorstellen? Nicht zu fassen, neulich meinte er, vielleicht würde er sogar gerne noch einmal eine andere Ausbildung machen. Unglaublich, oder? Der soll schließlich Geld verdienen."

Mehr als ein zögerliches, betretenes Nicken fiel mir dazu nicht ein, und ich war froh, dass meine Bekannte von dem sympathischen Kellner unterbrochen wurde, der an unseren Tisch kam, um mit einem sonnigen Lächeln zu fragen, was wir bestellen wollen. Kaum war er wieder weg, fuhr meine Bekannte mit ihrem Monolog fort. Die nächsten beiden Stunden verstrichen, während sie weiter aufzählte, was ihr Mann sich sonst noch alles Unmögliches in der näheren und entfernteren Vergangenheit geleistet hat. Sie sinnierte, ob sie nicht lieber vor vier Jahren etwas mit diesem anderen Typ, der so verrückt nach ihr war, hätte anfangen sollen, und ihren Mann für ihn hätte verlassen sollen. Sie beschwerte sich über eine Kollegin auf der Arbeit. Sie schwärmte von Italien, wo sie mal ein Jahr gelebt hat; dort sei sie so glücklich gewesen, und ihr Mann habe alles ruiniert, weil er sie zum Umzug überredet habe. In Italien lebe auch dieser Typ, mit dem sie wirklich besser etwas angefangen hätte, dann wäre sie jetzt immer noch dort und hätte nicht ihren Mann am Hals.

Soweit ein klitzekleiner Ausschnitt dessen, was auf mich einprasselte, während ich versuchte, meinen köstlichen Brotsalat mit Tomaten, Gurken, Basilikum und Parmesan zu genießen und das Lächeln des Kellners erwiderte, das er mir schenkte, wann immer er an unserem Tisch vorbeikam. Die Versuche, selbst einmal zu Wort zu kommen, stellte ich nach einer Stunde ein. Nach zwei Stunden verringerte ich die Anzahl der höflichen „Ahas" und „Mhms" und reagierte zunehmend weniger auf das Selbstgespräch meiner Bekannten. In Stunde drei signalisierte ich, dass ich gerne so langsam gehen würde. „Ja, gleich, ich will dir nur noch schnell erzählen, dass…", erwiderte sie und fuhr unbeirrt fort, vor sich hin zu brabbeln.

Nach vier Stunden bedeutete ich dem netten Kellner, dass wir zahlen, und zog meine Jacke an, ohne meine Bekannte weiter zu beachten. Widerwillig folgte sie mir aus dem Restaurant, als ihr klar wurde, dass sie es nicht schaffen wird, dass ich noch länger hier sitzen bleibe.

Zuhause beschloss ich, dass ich auf weitere Treffen mit dieser Frau in Zukunft gerne verzichte. Und fragte mich, wieso ich nicht schon nach eineinhalb Stunden schleunigst die Flucht ergriffen habe.

Eigentlich braucht es nur eine einzige Sache, damit wir uns mit einem anderen Menschen wohlfühlen und gerne Zeit mit ihr oder ihm verbringen: Unser Gegenüber muss die Fähigkeit besitzen, genauso wie es auf sich selbst schaut auch auf andere zu schauen. Es ist okay, sich selbst im Blick zu haben, solange man noch in der Lage ist, auch den anderen wahrzunehmen.

Wohingegen diejenigen, die ausschließlich sich selbst sehen – bis hin dazu, dass sie vierstündige Monologe halten und glauben, das wäre ein „Gespräch" – nicht zu den Menschen gehören, mit denen es möglich ist, sich wohlzufühlen.

26. November bis 2. Dezember

An deiner Seite

Der Mensch, von dem ich in meinem Leben am meisten gelernt habe und der mich am meisten unterstützt, ist meine beste Freundin und Mama: Sabine.
Als ich noch ein Teenie war und voller Ungeduld von der großen weiten Welt träumte, bestärkte sie mich darin, auf Reisen zu gehen. Sie selbst hatte zu dieser Zeit noch keinen Fuß in einen Flieger oder in fernere Länder gesetzt, sah und respektierte aber, dass es das war, was ich wollte. Als mich mit 14 Jahren eine Schulfreundin fragte, ob ich mit ihr und ihrer Familie in den Pfingstferien zwei Wochen in die Provence fahre, war die Sache klar: Unbedingt. Und bis heute ist mir der Nachmittag unvergesslich, an dem meine Mama vor dem Urlaub mit mir in Stadt ging. Wir kauften Sommerklamotten für mich, unter anderem ein Kleid aus dem Stoff, aus dem normalerweise Handtücher gemacht sind. Mit 14 war das das Coolste überhaupt und fast schon der Höhepunkt der Glückseligkeit. Anschließend gingen wir zusammen essen und all meine Vorfreude und Aufregung konnte ich mit ihr teilen.
Als ich mit 19 Abitur machte, verbrachten wir einen kompletten Vormittag damit, voller Begeisterung ein Kleid für den Abiball auszusuchen.
Als ich mit 22 nach Peru flog, freute sie sich für mich und nähte mir ein kleines Bärchen mit einem Herz auf dem Bauch und einem weißen Quadrat auf dem Rücken, auf dem stand: „Alles, alles Liebe, wir denken an dich!".

Heute sind wir zwei erwachsene Frauen, die sich sehr wichtig und die besten Freundinnen sind. Von meiner Reiselust hat sie sich mit 51 schließlich anstecken lassen. Und wenn wir zusammen in einer Strandbar sitzen mit Blick auf das Meer, oder auf der Terrasse unseres Lieblingsitalieners bei uns zuhause, und wir unterhalten uns, dann macht sich ein Stück ihrer Gelassenheit und ein Teil ihrer Lebenserfahrung auf den Weg zu mir und vereinfacht Dinge, die mir kompliziert erscheinen. Und wenn ich begeistert von meiner nächsten verrückten bis einzigartigen Idee erzähle, findet sie dabei nichts Verrücktes und nichts Ungewöhnliches.
Wenn ich einen Rat brauche, kann ich sie fragen. Wenn ich mit jemandem das Leben genießen oder feiern möchte, machen wir das. Wenn ich mit jemandem zusammen sein möchte, bei dem ich ungefiltert ich selbst sein kann, ist sie das.
Und ich frage mich, was wohl passieren würde, wenn wir alle einen Menschen in unserem Leben hätten, mit dem das geht. Und wenn jeder das für jemanden täte, was meine Mama für mich tut. Wenn wir alle jemanden darin bestärken würden, er selbst zu sein; das zu tun, was er liebt; seinen Ideen Beachtung schenken würden; zuhören würden; jemanden teilhaben lassen würden an dem, was wir selbst auf unserer Lebensreise gelernt haben; jemandem ein bisschen unserer Zeit und manchmal auch Unterstützung zukommen lassen würden.
Wenn wir alle jemanden an unserer Seite hätten, ob nun die beste Freundin oder ein Ehemann, ob die Mama oder der Bruder, die Nachbarin oder der Arbeitskollege, jemand, der an unserem Leben teilhat

und wir an seinem... Wahrscheinlich wäre die Welt ein friedlicher Ort.

3. bis 9. Dezember

Vom Glück dich zu fragen, wie es dir geht

Es ist eine Kunst, mir selbst die Frage zu stellen, wie es mir geht.
Es ist eine Kunst, weil das ganz anders abläuft als das Procedere, bei dem meine Nachbarin mich fragt: „Wie geht's?" und ich antworte ihr: „Ach, so lala, das Wetter ist ja nicht so schön und auf der Arbeit haben wir so viel Stress."
Es ist eine Kunst, weil es ein tiefgreifenderes Unterfangen ist, als mir Gedanken darüber zu machen, wieso die Kollegin schon wieder so unfreundlich ist, was mein Mann – oder meine Frau – gerade von mir will und wie die aktuelle Bedürfnislage meiner besten Freundin aussieht.
Mich selbst zu fragen, wie es mir geht, bedeutet, die Außenwelt leise zu drehen und mein Innenleben laut. Es bedeutet, unter die Oberfläche zu tauchen und wissen zu wollen, was mir jenseits meiner Alltagsproblemchen (wie dem Wetter und dem Stress auf der Arbeit) begegnet. Es bedeutet, der Frage, was mich wirklich umtreibt, einen Platz zu geben.
Dafür muss ich das erstmal wichtig finden. Meistens hat ja doch die Waschmaschine Vorrang. Oder die Arbeit. Das Auto, das in die Werkstatt muss. Die Freundin, die schon fünfmal angefragt hat, wann wir endlich Kaffee trinken gehen. Und wieso war jetzt die Kollegin heute schon wieder unfreundlich zu mir? – Aber Moment: In dem ganzen Gedankenwust leuchtet manchmal doch diese Idee auf. Dass es schön wäre, das Leben ginge etwas tiefer. Dass es Dinge gibt, die finden weit entfernt von Waschmaschine, Arbeit und

meiner Freundin statt. Ich habe so eine Ahnung – mit 17 hatten wir sie alle –, dass es mehr im Leben gibt als das, was mir da immer so kurzgedacht durch mein Hirn springt.

Dann brauche ich ein bisschen Ruhe. Bei klingelndem Telefon, laufendem Fernseher oder im Angesicht von Türmen dreckigen Geschirrs wird es nicht wirklich still. Ich setze mich immer auf meinen Balkon und gucke in die Wolken. Oder wenn es zu kalt ist, sitze ich auf meinem Bett, von dem aus ich durch die große Glasscheibe meiner Balkontür in den Himmel schauen kann. Kurz darauf wird es auch schon ziemlich friedlich.

Und schließlich klappt es am besten mit der Frage, wie es mir geht, wenn ich sie mir in aller Offenheit stellen kann. Nicht, wie es mir gehen sollte, nicht mit Verbotsschildern im Kopf, was ich besser nicht denke; sondern möglichst vorurteilsfrei. Es ist, wie es ist. Vielleicht nervt mich meine Arbeit ganz generell. Oder ich fühle mich einfach unwohl mit der Kollegin. Vielleicht bin ich erschöpft. Vielleicht ist es auch langweilig. Oder es herrscht zu viel Chaos und Gedöns. Vielleicht habe ich mich viel zu lange schon nicht mehr gefragt, was mich wirklich beschäftigt.

Wenn ich es bis hierher geschafft habe, passieren oft kleine und große Überraschungen. Das Leben wird klarer. Der Gedanke nach „Meine Arbeit nervt mich" ist „Ich hätte gerne ein anderes Aufgabengebiet". – Vielleicht gibt es dafür ja sogar eine Möglichkeit? Nachdem ich gedacht habe: „Ich bin erschöpft", denke ich: „Ich brauche häufiger so ruhige Momente wie diesen hier." – Vielleicht wenn ich einfach öfter mal so hier sitze? Nach „Es ist langweilig" schießt mir durch den Kopf: „Ich wollte doch schon lange mal einen Foto-Kurs machen." – Vielleicht, wenn ich mich doch mal dafür anmelde? Und auf „Es ist zu viel Chaos" folgt: „Ich brauche etwas mehr Raum für mich und ein bisschen weniger Drumherum von außen." – Vielleicht muss meine beste Freundin auch noch die nächste Woche auf den gemeinsamen Kaffee verzichten?

Und plötzlich weiß ich nicht nur, wie es mir geht, ich weiß auch, was ich für mich tun kann.

10. bis 16. Dezember

Du steigst aus und bist glücklich

27. Dezember 2018. Ich sitze auf einem kleinen Balkon und schaue hinauf in den Himmel. Die Sonne strahlt so hell, dass ich ihre Wärme auf meinem Gesicht spüren kann. Der Himmel leuchtet tiefblau und ist wolkenlos. Mein Blick fällt auf die Balkone ringsum, vor denen die Wäsche zum Trocknen hängt.
Auf einem davon, nur wenige Meter von mir entfernt, steht ein Pärchen und unterhält sich: Der Tonfall von ihm verrät mir, dass er gerade seinen Charme spielen lässt, um sie zu bezirzen, auch wenn ich nicht jedes Wort verstehe. Die pinkfarbene Schlafanzughose, die hier zum Trocknen draußen hängt, lässt mich schmunzeln.
Auf einem anderen Balkon zündet sich ein Mann mittleren Alters eine Zigarette an, sieht in meine Richtung, lächelt und nickt mir zu.
Auf dem Balkon darunter hüpft ein kleiner Junge vergnügt hin und her, während er seinem Papa fröhlich etwas erzählt.
Ich bin in Sitges, in der Nähe von Barcelona. Vom Kopf her weiß ich, dass ich gestern um kurz vor sieben Uhr morgens noch in meiner flauschigen Winterjacke und mit meinem Koffer im Dunkeln und in der Kälte in Deutschland stand. Bauch und Herz allerdings sind überzeugt, das habe ich nur geträumt. Wenn ich mich hier umsehe, ist das gar nicht möglich. Zwei kleine Flugstunden und die Welt ist eine andere. Zwei kleine Flugstunden, du steigst aus und bist glücklich.

Dafür muss ich nicht das Geringste tun. Ich muss mein Hirn nicht erst positiv einschwingen, ich muss nichts Besonderes erleben, ich benötige keinen Fünf-Punkte-Plan für mehr Zufriedenheit. – Ich brauche nur hier zu sein und bin glücklich.

Dass das Bett in der Wohnung nur mäßig bequem ist, dass ich nicht gut schlafe in der ersten Nacht in einer noch unbekannten Umgebung, spielt überhaupt keine Rolle. Dass mich der deutsche Winter und die deutsche Weihnachtshektik die letzten Wochen genervt haben, weiß ich schon gar nicht mehr.

Ich sitze hier, voller Freude über den blauen Himmel, die wärmenden Sonnenstrahlen und das lebendige Leben um mich herum. In meinem Kopf ist es still, in meinem Herzen warm und in meinem Bauch tanzen die Glückshormone.

Gleich gehen wir los, durch die Straßen, in denen bestimmt gerade zwei Nachbarinnen miteinander plaudern, und in denen Kinder mit ihren neuen Rollern entlangsausen, von denen ich vermute, sie haben sie zu Weihnachten geschenkt bekommen.

Wir gehen an den Strand und sehen dem Mittelmeer zu, wie es die Wellen wogen lässt und in noch tieferem Blau schimmert als der Himmel.

Wir essen eine köstliche Tortilla in diesem süßen Café, in dem sich die Leute am Nachbartisch lebhaft unterhalten und die Menschen auf der Straße in einem entspannten Tempo vorbeilaufen.

Und das Leben ist so schön.

17. bis 23. Dezember

Was passiert, wenn ich meinen Nachbarn Bonbons in den Briefkasten werfe?

In der letzten Kursstunde vor Weihnachten hatte ich beim Kindertanzen für meine Mädels Bonbons dabei: Sie waren in der Mitte weiß, mit einem kleinen roten Pilz mit weißen Punkten darauf, und hatten einen grünen Rand. Als kleines Weihnachtsgeschenk und „Glücksbonbons" für das neue Jahr verteilte ich sie am Ende der Stunde und wünschte den Kindern schöne Weihnachtsferien.

Nach dem Kurs fuhr ich nach Hause. Es war Freitagabend halb 8, drei Tage vor Weihnachten. Ich parkte in meiner Straße. Einige Bonbons aus der Packung waren noch übrig und lagen jetzt in meiner Sporttasche. Bevor ich aus dem Auto ausstieg, fiel mein Blick auf das Nachbarhaus, in dem eine nette, junge Familie mit zwei Kindern wohnt. Da kam mir plötzlich eine Idee: Warum nicht die Bonbons bei ihnen in den Briefkasten werfen? Vielleicht freuen sie sich.

Ich musste selbst grinsen über meine eigene, ein klein bisschen verrückte Idee, die ich aber cool fand. Also stieg ich aus, die Bonbons in der Hand. Es schien auch gerade keiner zuhause zu sein, und niemand lief die Straße entlang. Kurz entschlossen ließ ich die Bonbons in den Briefkasten fallen, die mit einem lauten, metallenen Klappern am Boden ankamen.

Anschließend ging ich zurück zu meinem Auto, lud meine Sporttasche aus und ging zu mir nach Hause.

Beschwingt von dieser Aktion und der Vorstellung, dass sie eine lustige Überraschung sein könnte, verbrachte ich den restlichen Abend.

Zwei Stunden später, gegen halb 10, stand ich gerade in der Küche, die zur Straße hinausgeht, als ich draußen deutliches und fröhliches Lachen hörte. Es klang, als käme es von gegenüber – von dem Haus, in dessen Briefkasten ich die Bonbons gelassen hatte.
Möglichst unauffällig warf ich einen Blick aus dem Fenster. Sofort breitete sich ein großes Lächeln auf meinem Gesicht aus. Vor ihrem Briefkasten standen meine beiden Nachbarn, das Ehepaar, das anscheinend gerade nach Hause gekommen war, lachten und glucksten bestens gelaunt, er stupste sie liebevoll an und verkündete: „Es regnet Glücksbonbons, da haben wir einen Wunsch frei!"
Ich musste selber lachen und dachte mir, ja genau, wünscht euch was, es geht bestimmt in Erfüllung.
Glücklich wandte ich mich wieder dem Glas zu, in das ich mir gerade Orangensaft einschenkte, und stellte die Flasche zurück in den Kühlschrank.
Wie schön. Einfach toll, die beiden so fröhlich zu sehen. Dass ich die Reaktion auf die Bonbons im Briefkasten sogar zufällig mitbekomme, hatte ich gar nicht erwartet. Und dass es so einfach sein kann, jemandem ein glückliches Lachen zu entlocken, dachte ich auch nicht unbedingt.
Wie einfach vieles in Wirklichkeit ist.

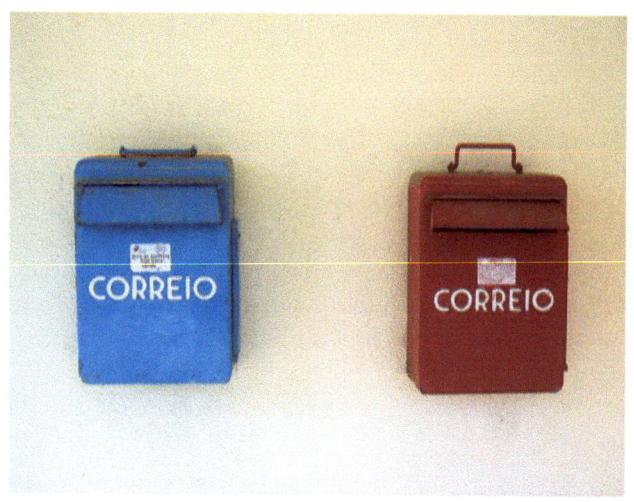

24. bis 31. Dezember

Manches gehört dir ganz allein

Was wir – vor allem an schönen Dingen – erleben, teilen wir mit anderen. Geteilte Freude ist doppelte Freude, heißt es. Und oft stimmt das auch. Vieles leuchtet heller, wenn es Menschen gibt, die sich mit uns freuen. Menschen, mit denen wir auf das Abenteuer anstoßen können, beruflich etwas Neues auszuprobieren; die wir an unseren Glücksgefühlen teilhaben lassen können, wenn wir uns verlieben; die wir einweihen können, wenn wir beschließen, auf unserer nächsten Reise den Kilimandscharo zu besteigen. Oder denen wir erzählen können, dass wir Pastel de choclo, einen Maisauflauf aus Chile, gekocht haben und das hammerlecker geschmeckt hat.

Aber manchmal gibt es diese Momente im Leben. Diese Augenblicke, die einzigartig sind. In denen nichts mehr zwischen uns und dem Leben zu stehen scheint. Irgendwie ist es die Erfüllung. Und deshalb gehört es uns allein.

Es ist eine andere Art der Freude, leise, tief, im Inneren. Kein bisschen unspektakulärer als das, was ich mit meinen Freunden feiere. Persönlicher. Ein Stück Leben, das nicht unbedingt dafür gemacht ist, es in die Welt hinaus zu blasen.

So habe ich vielleicht an einem ruhigen Sonntagabend eine spontane Eingebung, was ich beruflich gerne noch ausprobieren möchte. Ein bisschen verrückt ist die Idee. Wie sie umzusetzen wäre, erschließt sich mir noch gar nicht. Doch sie macht mich glücklich. Deshalb lasse ich sie Kreise ziehen in meinem Leben, während alles seinen gewohnten Gang geht. Erzähle

sie erstmal nicht, beginne mit ihrer Feinjustierung und freue mich ganz allein für mich über meinen Einfall.
Oder ich verliebe mich. In diesen Mann (oder diese Frau), mit dem es ganz anders ist. Der mein Herz auf eine völlig neue Art zum Schwingen bringt. Was wir erleben ist einmalig. Deshalb passt da fürs Erste niemand sonst dazu. Es gehört nur ihm und mir. Davon erzählen kann ich später immer noch. Gerade möchte ich es nur genießen. Auch wenn das Lächeln in meinem Inneren außen zu sehen ist: Auf die erfreute Feststellung einer Freundin: „Du strahlst ja so." erwidere ich: „Stimmt. Mir geht's gut." Und freue mich über das, was gerade nur mir gehört.
Oder ich plane diese Reise. Fern jedes gewöhnlichen Urlaubs. Mein Sehnsuchtsziel. Reiseberichte, Karten und Sprachführer belagern mein Schlafzimmer. Der Traum wird immer konkreter. Noch habe ich es nicht kundgetan, wohin mich meine nächste Reise führen soll; und zelebriere sie, diese Momente, in denen ich völlig ungestört die Route zusammenstelle.
Oder ich koche Pastel de choclo. Mein Abenteuer am Freitagabend. Glücklich sitze ich vor dem höchstwahrscheinlich leckersten Maisauflauf der Welt – und brauche niemanden mehr, der meine Kochkunst bewundert.
– Sobald meine Berufsidee Gestalt annimmt, feiern wir das. In ein paar Wochen will ich diesen tollen Mann bestimmt der ganzen Welt vorstellen. Wenn die Reiseroute erstmal steht, dürft ihr alle davon wissen. Das argentinische Rinderfilet hauen wir gemeinsam in die Pfanne. Versprochen. Nur so lange gehören diese Augenblicke erstmal mir. Und deine gehören dir. Manches gehört dir ganz allein.

Mehr von Karina Sillmann:
„Pures Leben – Eine Reise zu Lebensfreude, Mut und Möglichkeiten"
ISBN: 9783740732394